o que são consignas?

Contribuições para o fazer
pedagógico e psicopedagógico

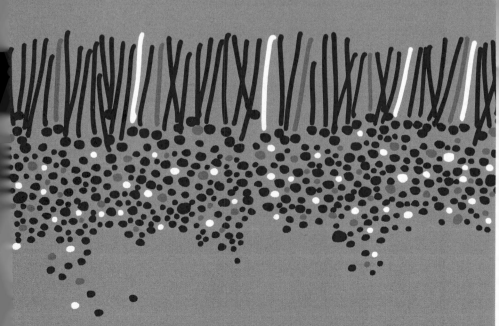

Laura Monte Serrat Barbosa
Simone Carlberg

O que são consignas?

Contribuições para o fazer pedagógico e psicopedagógico

EDITORA
intersaberes

Rua Clara Vendramin, 58 . Mossunguê
CEP 81200-170 . Curitiba . PR . Brasil
Fone: [41] 2106-4170
www.intersaberes.com
editora@editoraintersaberes.com.br

CONSELHO EDITORIAL → Dr. Ivo José Both (presidente) | Dr.ª Elena Godoy | Dr. Nelson Luís Dias | Dr. Neri dos Santos | Dr. Ulf Gregor Baranow EDITORA-CHEFE → Lindsay Azambuja SUPERVISORA EDITORIAL → Ariadne Nunes Wenger ANALISTA EDITORIAL → Ariel Martins CAPA → Sílvio Gabriel Spannenberg, a partir de obra de Dani Henning DIAGRAMAÇÃO → Sílvio Gabriel Spannenberg PROJETO GRÁFICO → Eliana Quaresma | Sílvio Gabriel Spannenberg

Dados Internacionais de Catalogação na Publicação (CIP)
(Câmara Brasileira do Livro, SP, Brasil)

Barbosa, Laura Monte Serrat
 O que são consignas? Contribuições para o fazer pedagógico e psicopedagógico/Laura Monte Serrat Barbosa, Simone Carlberg. – Curitiba: InterSaberes, 2014.

 Bibliografia.
 ISBN 978-85-8212-898-5

 1. Aprendizagem 2. Educação – Finalidades e objetivos 3. Professores e estudantes 4. Psicologia educacional 5. Psicopedagogos I. Carlberg, Simone. II. Título.

13-07291   CDD-370.15023

Índices para catálogo sistemático:
1. Psicologia educacional como profissão: Educação   370.15023
2. Psicopedagogos: Educação   370.15023

Foi feito o depósito legal.
1ª edição (2014).
Informamos que é de inteira responsabilidade das autoras a emissão de conceitos.
Nenhuma parte desta publicação poderá ser reproduzida por qualquer meio ou forma sem a prévia autorização da Editora InterSaberes.
A violação dos direitos autorais é crime estabelecido na Lei nº 9.610/1998 e punido pelo art. 184 do Código Penal.

Homenagem

A Paulo de Tarso e Isis, Luiz Alberto e Dilá,
que nos ofereceram a consigna mais
autêntica possível: a vida.

Sumário

9 *Prefácio*

11 *Apresentação*

capítulo 1

16 **História e caracterização de nosso percurso relacionado às consignas**

17 Partindo-se da atitude operativa

20 Chegando-se às consignas

capítulo 2

24 **Consignas: um instrumento para promover a aprendizagem com significado**

25 O professor e a organização de suas aulas

30 Consigna: uma possibilidade

33 Algumas reflexões sobre a prática educativa guiada por consignas

36 Sobre consigna e enunciado: definição dos conceitos

capítulo 3

44 **Aplicação de consignas no âmbito escolar**

46 Primeiro exemplo

52 Segundo exemplo

59 Conclusões sobre a diferença entre consigna e enunciado

capítulo 4

64 Utilização de consignas nos âmbitos psicopedagógicos clínico e institucional

65 Âmbito psicopedagógico clínico

69 Âmbito psicopedagógico institucional

capítulo 5

80 As consignas e o ambiente educativo

83 O intervalo e o alimento simbólico

capítulo 6

92 Características e funções das consignas

93 Características das consignas

94 Funções das consignas

capítulo 7

102 Fatores importantes para a estruturação de consignas

103 Qualidade da comunicação na organização de consignas

107 Estrutura das consignas

111 *Considerações finais*

113 *Glossário*

116 *Referências*

119 *Sobre as autoras*

Prefácio

Consigna… Comunicar, participar, revelar, intervir, pedir, aprender. Poderíamos mencionar outras inúmeras palavras que explicam o significado de uma consigna e que com ele se relacionam. Esse universo é amplo, instigante, desafiador e, por isso mesmo, um convite ao aprofundamento.

Como fazer alguém se mover para aprender, ser autônomo na aquisição dessa aprendizagem e também se tornar apto, ao final da tarefa, para estender o produto desse processo a outros âmbitos?

Este, realmente, é o grande desafio de um educador. Um educador que não centraliza o conhecimento, que não afirma e revela um só caminho, mas que age como um guia, um mediador do saber. Um educador que parte de uma consigna para oferecer e desvendar possibilidades ainda não sugeridas.

As consignas têm um papel fundamental nesse processo de aprendizagem. Elas trazem na sua essência um convite para experimentar, vivenciar uma outra maneira de dialogar com a construção do conhecimento.

Este livro contribui de forma magnífica para o universo escolar e também para a prática da psicopedagogia. Sistematiza diferentes abordagens e maneiras de intervenção, trazendo ao leitor um trabalho sério, claro e profundo sobre este tema tão instigante que é o ensinar e o aprender. As autoras conseguem transmitir, numa linguagem clara e direta, conceitos imprescindíveis e relevantes ao tema, bem como suas experiências e vivências na área da educação.

Boa leitura!

Denise Weishof

é Coordenadora e professora do Departamento de Cultura Judaica da Escola Israelita Brasileira Salomão Guelmann e licenciada em Psicologia pela UFPR.

Apresentação

Escrever foi o modo que encontramos para sistematizar e aprofundar nossos estudos sobre as consignas.

O ano de 2001 foi o momento de nosso reencontro com o tema, que, desde então, vem tomando forma, tanto do ponto de vista teórico quanto do prático. E é essa práxis que desejamos explicitar aqui de forma conjunta, integrando nossas vivências em um único relato.

No decorrer das páginas deste livro, contamos nossas experiências nesse campo, nossas "laçadas" com as teorias que dão sustentação a nossas ações na área da psicopedagogia, seja por meio de intervenções individuais e grupais, seja no atendimento psicopedagógico diário ou nos grupos de formação de professores e psicopedagogos.

Consigna tem relação com a maneira como nos dirigimos aos nossos interlocutores; como formulamos um pedido; como fazemos com que o outro (um indivíduo ou um grupo) se mova para aprender e, nesse movimento, amplie sua compreensão sobre um determinado assunto, bem como sobre a maneira como age e interage.

Nosso interesse por esse tema está intimamente ligado a outro assunto que também permeia todas as nossas ações – a atitude operativa –, tratado em outros livros, notadamente de Laura, mas que voltaremos a abordar de forma breve, para levar o leitor a compreender o que são as consignas e como contribuem para ações predominantemente operativas em nossa prática pedagógica e psicopedagógica.

Sabemos que o universo dos temas que escolhemos aprofundar é amplo, pois nossa produção acadêmica e profissional na área tem sido grande. Dessa maneira, motivadas pelos resultados que esse tipo de intervenção tem promovido, optamos por sistematizar esses temas e escrever sobre eles.

Para ir além das referências, decidimos também compartilhar aquilo que temos sentido, pensado e construído, sem esquecer que estamos manifestando o resultado de todas as interações que fizemos no decorrer de nossas vidas nem os fios que teceram e tecem nossa malha de conhecimentos, em que, sem dúvida, predominam valores transdisciplinares.

Desejamos ser um dos fios que contribuirão para a construção da malha de conhecimentos de nosso leitor. Dessa forma, apresentamos uma publicação que é, ao mesmo tempo, simples e complexa, que não segue uma lógica linear. O tema vai se compondo conforme vamos examinando a consigna em suas várias facetas.

No primeiro capítulo, tratamos da história da consigna e tomamos como ponto de partida nosso estudo sobre atitudes operativas e a percepção que formamos ao longo de nossa experiência: a maneira como fazemos um pedido a outra pessoa pode ser mais ou menos operativa e provocar a operatividade na ação daquele para quem o pedido está sendo feito.

No segundo capítulo, destacamos especialmente a consigna como um instrumento que pode fazer com que o aluno tenha uma aprendizagem mais significativa. Pensamos que esse é um recurso que pode ser operativo, mas é pouco explorado por quem coordena grupos, principalmente professores. Apoiamos as considerações apresentadas neste capítulo na Teoria e Técnica de Grupos Operativos, de Enrique Pichon-Rivière, pois acreditamos que a psicologia social pode contribuir para o entendimento do tema – a consigna como um recurso operativo sob várias possibilidades e olhares.

No terceiro capítulo, nosso foco recai na aplicabilidade da consigna na sala de aula e trazemos exemplos colhidos na prática de professores sob a orientação de uma das autoras desta obra. Contrapomos, também, a complexidade de uma consigna à simplicidade de um enunciado, considerando o que e como se solicita algo, mediante a utilização de um ou outro desses elementos.

O quarto capítulo trata da aplicabilidade da consigna no âmbito psicopedagógico clínico e institucional, enquanto o quinto focaliza o ambiente educativo e como a consigna pode contribuir para que aprendizes, sejam educadores em formação, sejam alunos, possam aperfeiçoar seus olhares em relação à função educativa do ambiente.

O quinto capítulo aborda as consignas dentro do ambiente educativo, desenvolvendo seu âmbito de aplicação fora de sala de aula e na relação entre o ser humano e o ambiente material da escola.

No sexto capítulo, retomamos o conceito de consigna sob a ótica operativa e apontamos funções e características que ela pode apresentar, dependendo do contexto e do pedido que se planeja realizar.

No sétimo capítulo, abordamos a qualidade da comunicação na organização de consignas e, assim, voltamos a um de seus aspectos examinados no início da obra, agora em um nível superior da espiral dialética: aprofundamos as possibilidades ligadas ao tom da voz, à altura do olhar e ao potencial da consigna de chegar ao outro como um pedido, e não como um ordenamento. Considerando, ainda, a função operativa da consigna, analisamos os indicadores que nos permitem avaliar a estrutura das consignas, trazendo conclusões que carregam em si todo o movimento do leitor para acompanhar o percurso desenvolvido ao longo do livro.

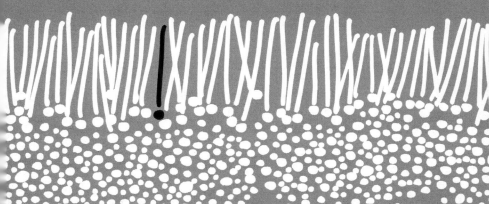

História e caracterização

de nosso percurso
relacionado às consignas

Nesta obra, o termo *consigna* se refere a uma forma de fazer pedidos aos aprendizes de modo a promover, além da realização pura e simples da tarefa, o exercício do pensamento. São comandos que ultrapassam a necessidade de fazer a tarefa para atender ao pedido de alguém, receber uma nota, cumprir uma expectativa. Normalmente, na escola, por exemplo, as tarefas são solicitadas de maneira objetiva, porém, em muitas das solicitações, não se percebe o espaço de aprendizagem do aluno. Este é visto como um executor, ou um exercitador, sem que a ele seja outorgado o papel de ser pensante, autônomo, capaz de fazer escolhas e construir caminhos distintos dos que foram pensados por aquele que organizou o pedido. Muitas vezes, o comando é realizado com foco apenas na memorização de um conteúdo específico, sem provocar a reflexão ou a possibilidade de estabelecer relações e outras habilidades mentais que poderiam ser utilizadas no processo de aprender. Assim, para demonstrar a importância da consigna, procuramos iniciar nossa abordagem com um breve histórico do caminho que percorremos para chegar a esse tema tão necessário para a produção de seres pensantes, autores e críticos, constituindo-se em uma forma diferente de fazer que, a nosso ver, provoca uma grande diferença na qualidade da aprendizagem.

Partindo-se da atitude operativa

No final da década de 1980, iniciamos uma formação em Psicopedagogia fundamentada na teoria da epistemologia convergente, sob orientação de Jorge Visca[1], de quem ouvimos muitas vezes a palavra *consigna* em referência ao comando das

---

1   Jorge Visca (1935-2000) foi um psicopedagogo argentino, aluno de Pichon-Rivière, que esteve no Brasil com o propósito de formar grupos de profissionais em Psicopedagogia (segundo a teoria da epistemologia convergente) e em Teoria e Técnica de Grupos Operativos.

tarefas que nos solicitava. No início dos anos 1990, participamos de outro curso de formação com o mesmo professor – Teoria e Técnica de Grupos Operativos –, no qual constatamos a existência de diferentes maneiras de se emitir uma consigna, com base em diferentes atitudes, chamadas por ele de *atitudes operativas*. Começamos a entender que não bastava usar consignas; era fundamental considerar o modo como elas são formuladas, enunciadas e pronunciadas.

Em 1997, o tema referente às atitudes operativas foi abordado pela Convergente (um grupo interessado em promover aprendizagem significativa em várias instâncias – escolas, empresas e outras nas quais a aprendizagem ocorre coletivamente) em uma impressão do tipo brochura na qual Laura Monte Serrat Barbosa, membro da Convergente, publicou o artigo "Atitude operativa e disciplina" e nele relacionou a atitude operativa com a problemática comportamental.

Em 1999, foi publicado na revista *Psicopedagogia*, da Associação Brasileira de Psicopedagogia, outro artigo intitulado "Promovendo o aprender através da atitude operativa", que, posteriormente, em 2001, tornou-se um dos capítulos do livro *A psicopedagogia no âmbito da instituição escolar*, também de Laura Monte Serrat Barbosa.

A partir dessas primeiras sistematizações, foram se compondo, somando e ampliando muitas ideias sobre o tema. Todos esses artigos podem ser considerados como os disparadores dos estudos que vêm se constituindo com base na prática individual e conjunta das autoras.

Para iniciar a reflexão sobre o tema, vale apresentar uma redefinição do conceito de *atitude operativa*: trata-se da atitude que um mediador toma para permitir que o outro se movimente em direção à solução de um problema ou à realização de uma tarefa.

Em 2001, Simone Carlberg fez contato com o termo *matalá* – que em hebraico significa "encargo, incumbência, tarefa" –, o qual foi traduzido para o espanhol como *consigna*. A partir de então, a autora teve a oportunidade de aprofundá-lo em encontros de educadores judaicos da América Latina realizados em São Paulo, Buenos Aires e Jerusalém, iniciando em sua prática educativa um trabalho de copensar[2] a consigna como um instrumento instigador para a aprendizagem, comparável a uma atitude operativa.

No decorrer do ano de 2006, a partir de uma grande discussão entre os membros da equipe do Centro de Estudos, Aperfeiçoamento e Desenvolvimento da Aprendizagem (Síntese)[3] sobre a atitude operativa, foram sistematizadas algumas categorias e chegou-se a outro estado de compreensão sobre o tema. Passou-se a compreender a realidade das atitudes educativas como atitudes não diretivas, atitudes diretivas e atitudes operativas.

Assim, com base na sistematização realizada em outros escritos, aparece pela primeira vez a relação entre atitude operativa e consignas (Carlberg, 2006, p. 106-107):

> arriscamos a afirmar que encontramos uma nova possibilidade de atitude operativa, ou uma nova forma de intervenção operativa – as consignas – que são instruções muito bem elaboradas e que, ao serem oferecidas a um sujeito, ou a um grupo de sujeitos, provocam neles a necessidade de comunicação, compreensão, respeito mútuo, articulação de diferentes pontos de vista, organização para a execução de uma tarefa, o que faz com que, além de "dominarem" conhecimentos socialmente organizados, se construam leitores

---

2 *Copensar*, do espanhol *co-pensar*, é um neologismo introduzido por Pichon-Rivière (2005, p. 128) que designa o coordenador como aquele que pensa com o grupo, ao mesmo tempo que reúne e integra os elementos do pensamento grupal.

3 Síntese é um centro de estudos da aprendizagem fundado em fevereiro de 1989, na cidade de Curitiba. Nele atua uma equipe de profissionais (entre os quais as duas autoras deste livro) que realizam avaliações e intervenções psicopedagógicas, psicológicas e fonoaudiológicas, promovem cursos de formação e aperfeiçoamento, prestam consultoria a grupos, famílias e instituições, e desenvolvem coordenação e participação em grupos de pesquisa. Para mais informações, acesse: <http://www.sinteseaprendizagens.com.br>.

críticos e eficazes com possibilidade de ampliar esta capacidade no exercício pleno de Ser Humano.

Os conceitos de *consigna* e *atitude operativa* foram sendo lapidados à medida que organizamos inúmeros disparadores sobre o tema para apresentações a diferentes grupos. Atualmente, compreendemos que é possível e necessário reunir em um só livro o que temos pesquisado e pensado sobre a consigna, bem como informações sobre como a temos usado, com base nas experiências realizadas com grupos de professores em formação; com grupos de aprendizes no interior da escola; com grupos de atendimento psicopedagógico; em atendimento psicopedagógico individual; em grupos de formação em Atitude Operativa; em grupos de formação em Teoria e Técnica de Grupos Operativos, entre outros.

Chegando-se às consignas

No capítulo intitulado "Psicopedagogia no âmbito grupal: operatividade – um instrumento para o desenvolvimento em grupos de aprendizagem", do livro *Psicopedagogia: saberes, olhares, fazeres* (Zenicola; Barbosa; Carlberg, 2007), há um relato sobre a história da utilização de consignas em cursos que frequentamos. Nesse texto, fazemos referência a esse conceito como "uma ferramenta para o exercício da autonomia" e relembramos a utilização das consignas no método Ramain, na formação em Psicopedagogia e em outras situações.

No livro *O processo educativo: articulações possíveis frente à diversidade – relato de uma práxis* (2006), coordenado por Simone Carlberg, em um dos artigos de sua autoria – "Consigna" –, ela resgata outro fragmento da história desse termo:

> Durante todo o processo de capacitação, ouviu-se a expressão *matalá* que, em hebraico, quer dizer encargo, incumbência,

tarefa. Esta expressão foi traduzida para o espanhol como *consigna* e permaneceu desta forma em português. A palavra consigna em sua origem latina (*consignare*, verbo), significa afirmar, declarar, dedicar. No dicionário de Língua Portuguesa, não foi encontrada a palavra consigna; apenas encontra-se a palavra em sua forma verbal – *consignar* – que, por sua vez, significa assinalar, selar, declarar, estabelecer; pôr por escrito. Em espanhol, encontra-se o termo *consignar* como um termo relativo à área de finanças, com o significado de entrega de mercadoria a um comerciante para que a negocie, ou ainda, pôr em depósito, o que não difere muito da utilização da palavra em nossa língua. Já a palavra *consigna* é encontrada no dicionário espanhol/português como um termo da área militar que significa ordem, instruções. (Carlberg, 2006, p. 71-72)

Dessa forma, como o termo *consigna* não existe no dicionário da língua portuguesa, tentamos defini-lo nesta obra, na qual será utilizado com o sentido de forma especial de solicitar tarefas a um grupo ou a uma pessoa e que pode levá-los à ampliação do seu grau de autonomia nas situações de aprendizagem.

Consignas:
um instrumento para
promover a aprendizagem
com significado

O nosso percurso até conhecermos as consignas revela a forma como fomos nos aprofundando cada vez mais nos estudos e nas discussões sobre o papel desse instrumento nas relações de ensinar e de aprender de forma operativa.

A investigação a respeito da formulação de consignas e do efeito que elas produzem no aprendiz, na práxis cotidiana, fez com que acreditássemos que seria possível sistematizar esses saberes para contribuir com o panorama educativo.

Uma das reclamações de professores é a falta de interesse dos alunos; por seu lado, uma das queixas que os alunos mais costumam fazer é referente à falta de sentido de muitas tarefas que lhes são solicitadas. Pensamos que instrumentos operativos podem contribuir para promover a aprendizagem com significado e que, se bem trabalhadas e formuladas pelos docentes ou por qualquer pessoa que tenha a função de coordenar grupos, as consignas podem assumir esse caráter.

Neste capítulo, trazemos pontos de informação e de reflexão para que a consigna possa ser entendida como um recurso auxiliar na promoção do interesse dos alunos e na organização da prática pedagógica, contribuindo para a obtenção da clareza na apresentação das tarefas no âmbito escolar e para a autoria do aluno na realização dessas práticas.

O professor e a organização de suas aulas

As aulas ministradas ainda apresentam uma estrutura difícil de ser modificada, em que o professor ocupa o centro do processo de ensino-aprendizagem.

De acordo com Ferreira (2004), *aula* é sinônimo de preleção, palestra, lição e, sendo assim, supõe que quem está no lugar do saber traga para o grupo de aprendizes conhecimentos sobre o tema a ser estudado e aprendido.

Quando ministramos aulas, tendemos a ficar no centro das atenções e construímos caminhos esperando que os alunos os percorram sem questionamentos. Dar uma aula, fazer uma palestra, apresentar uma lição não está errado nem é um ato a ser abandonado, porém, se em todos os contatos com nossos grupos de alunos permanecemos no centro, ensinamos a eles que esperamos, com essa insistência, que trilhem sempre os caminhos já traçados, construídos por outros, sem modificá-los. Se for assim, nossos alunos não aprenderão a construir novas possibilidades a fim de ampliar o mapa já existente, de forma a surgirem outras combinações de trajetos, novas alternativas e, consequentemente, novas aprendizagens.

Compreendemos que é necessário reelaborar o conceito de *aula*, uma vez que o professor contemporâneo não tem mais uma classe de alunos indiferenciados, tampouco uma classe de alunos diferenciados, como os que aprendem e os que não aprendem, mas sim uma classe que deve se constituir como grupo, cujas tarefas são apreender os conhecimentos já existentes e construir novos conhecimentos com base nestes.

Na visão de Pichon-Rivière (2000), um grupo centra-se na realização de uma tarefa. No caso de grupos que se formam nas escolas, as tarefas são conhecer e construir conhecimento, considerando a unidade do aprender e do ensinar. Para Pichon-Rivière (2000, p. 189): "*Enseñar y aprender siempre operan dentro de un mismo marco de trabajo. Forman una estructura funcional y sólo considerados así pueden organizarse y adquirir un carácter operativo y una vigencia que determinen la forma y función instrumental de una estructura dinámica*".

De acordo com essa perspectiva, entendemos o professor como responsável por planejar o trabalho desse grupo e organizar os disparadores: temas que serão estudados, pesquisados, discutidos e reelaborados; mas também o entendemos como coordenador dos trabalhos, por ser quem constrói conhecimentos e possui habilidades para lidar com os saberes e não saberes que poderão surgir no processo de reelaboração grupal do conhecimento disparado por ele mesmo.

Pensando dessa forma, é possível que surja a pergunta: Como combinar essa responsabilidade com a criação de oportunidades para o aluno, de modo que ele, além de conhecer o processo de pensamento e de articulação das ideias do professor sobre um determinado tema, também possa construir os seus caminhos, fazendo as suas relações e forjando-se como autor?

Um dos exercícios mais difíceis para um professor é dosar sua entrada e saída do ponto central da aula no processo de construção do conhecimento e da consequente aprendizagem de seus alunos. A dificuldade está em manter a seriedade do processo de ensino-aprendizagem e, ao mesmo tempo, propor espaços de autoria aos alunos.

Pichon-Rivière (1998) faz analogia entre a aprendizagem e o jogo do futebol[1]. A bola, por exemplo, seria a representante das ideias que, para culminar no gol, deve passar por vários pés e cabeças, daqueles que a defendem e daqueles que são contrários a ela, ou seja, articular-se entre os diferentes passes para promover a alegria por meio do trabalho realizado. Quando acontece o gol, é como se as ideias tomassem uma forma tal que representassem aquele grupo.

Os aprendizes, nesse caso, seriam os jogadores, e o professor, ora o técnico, ora o juiz. Seu papel seria o de trazer o conhecimento, colocar as ideias em jogo e assinalar os tratamentos adequados e inadequados que estão sendo dados às ideias durante a preparação para os jogos ou durante os jogos propriamente ditos. Embora seja figura importante para o andamento do jogo, o juiz não é colocado no centro de cada jogada nem no centro do campo ao longo do processo.

---

[1] Se desejar, leia o belíssimo texto filosófico "A bola", que consta no livro *Psicologia da vida cotidiana*, de Pichon-Rivière (1998). Essa obra reúne notas publicadas num semanário durante o período de abril de 1966 a maio de 1967.

Como juiz, o professor coloca-se no ponto central no início e no final da aula, sem tocar na bola para trabalhar o tema, mas parando o jogo quando necessário. Dessa forma, passa a conhecer a partir de que ponto o jogo deve recomeçar, as falhas, os desvios que estão sendo cometidos no tratamento das ideias, tanto em relação à bola quanto em relação aos companheiros do evento.

Como técnico, o professor traz a técnica, a logística, a tática e as estratégias, que são os quatro momentos da função operativa. Segundo Pichon-Rivière, em seu livro *O processo grupal* (2005, p. 146, grifos do original): "Se o grupo todo elaborou esses quatro *momentos*, os instrumentaliza em seu mundo interno e joga com eles em seu *campo interno*, poderá também jogar no *campo externo* (mundo, realidade), por ter estruturado uma estratégia operativa baseada nesse planejamento prévio que orienta *a ação*". O professor, portanto, propõe tarefas ao grupo, estuda junto, discute, revê, demonstra, cria outras formas de ação até o time ficar "craque".

Essa metáfora nos mostra que o fato de o professor colocar as ideias em jogo não lhe dá o direito de ficar de posse delas durante todas as aulas, nem como dominador da tática, nem como aquele conhecedor de todas as regras, nem mesmo como aquele menino que chega às peladas de posse da bola, ditando todas as normas e impondo sua participação em todos os lances, caso contrário, ninguém joga.

Como no futebol, no processo de ensino-aprendizagem a satisfação é fazer o gol, é contribuir para a sua feitura, é compor a equipe que colocou a bola na rede, é ser reconhecido pela autoria. O professor, nesse caso, torna-se o mediador para que o gol seja possível; é o coordenador do trabalho: aquele que aponta os caminhos e contribui para que o grupo se perceba, se avalie, corrija suas falhas e aprenda.

O exercício anterior à entrada em campo é necessário, pois cada um precisa partir de sua história, de suas condições atuais e desenvolver novas habilidades para poder contribuir, cada vez mais, com a realização do gol. A tarefa de casa é uma das atividades que contribui para isso.

O professor, então, além de julgar o andamento do jogo, pode ensinar algumas técnicas, propondo atividades para o desenvolvimento de habilidades específicas.

No papel de técnico, ele corre o risco de ficar mais no centro do que no papel de juiz. Para evitar que isso aconteça, ele pode utilizar-se de práticas para seus alunos aprenderem, sem ficar o tempo todo dando as cartas. Como mencionamos anteriormente, denominamos esse momento de *disparador*, tempo em que o grupo aprende algumas coisas para depois entrar em campo.

Na prática tradicional, o professor aprendeu a "treinar" seus alunos para o grande jogo – a prova –, momento em que cada um joga sozinho e ninguém assiste. No dia da prova, o professor fica no centro, cada aluno tem a sua bola e todos precisam fazer gols particulares sem ninguém vibrar por eles. Somente no final de algumas semanas é que todos tomam conhecimento do placar – as notas. Os jogadores sabem o resultado sem terem exercitado a partilha, a coexistência e a cooperação, pelo contrário, vivenciaram somente o individualismo e a competição.

É importante deixar claro que não pretendemos, com essa afirmação, negar provas ou testes como instrumentos de medida que colocam o aprendiz em contato consigo mesmo, momento também necessário num percurso de aprendizagem. No entanto, pelo modo como esses instrumentos predominantemente são utilizados, constata-se que a classificação, a exclusão e o insucesso são os sentimentos mais aprendidos em detrimento do desenvolvimento de um pensamento reflexivo e de mecanismos metacognitivos.

E então? Como é possível sair do centro e, ao mesmo tempo, permitir que os alunos aprendam e avaliem, de fato e de direito, sua aprendizagem?

Consigna: uma possibilidade

A operatividade é uma das formas de promover a saída do professor do centro. O grupo recebe suas tarefas e trabalha para realizá-las enquanto a equipe de coordenação, por meio de atitudes operativas, vai ajudando cada integrante desse grupo a pensar, a corrigir as rotas, a alcançar os objetivos e a aprender com base em seus saberes e não saberes, em seus acertos e suas falhas e no que vai sendo possível construir tendo como disparadores os conhecimentos planejados e as contribuições de todos os participantes da classe de alunos – ou, como preferimos, do grupo: porque *grupo* significa uma unidade em funcionamento, uma rede de pessoas que articulam seus saberes.

Uma estratégia de caráter operativo é a consigna. Em nossa prática, as consignas têm sido instrumentos importantes na relação de ensino-aprendizagem, tanto com crianças quanto com adolescentes e adultos. Nós a utilizamos, como já colocamos anteriormente, na coordenação de grupos operativos, em aulas de pós-graduação, em atendimentos psicopedagógicos (individual e grupal), na coordenação de grupos de professores e em supervisões. Essa experiência nos faz afirmar, cada vez com mais clareza, que a prática do uso de consignas na coordenação de grupos de qualquer natureza – inclusive o grupo formado em uma sala de aula, nas escolas – tem levado seus integrantes ao exercício do compartilhamento de tarefas e da interdependência na sua execução, o que promove e amplia o grau de autonomia dos aprendizes.

Gordon[2] (1998) apresenta uma classificação de consignas para situações de aprendizagem (conforme o Quadro 2.1, a seguir), na qual estabelece uma graduação de níveis de autenticidade, complexidade e incerteza. Portanto, quanto maior o grau de autenticidade,

---

2   Rick Gordon (1998), em um artigo intitulado "Balancing Real-World Problems with Real-World Results", enfoca o desafio de envolver os alunos em autênticas situações de desempenho, por oposição ao ensino tradicional. A proposta é que se levem ações do mundo real para as salas de aula reais.

por exemplo, maior será o grau de autonomia de uma pessoa ou de um grupo de pessoas em seus momentos de aprendizagem.

quadro 2.1 – Classificação de consignas proposta por Gordon (1998)		
Consigna do tipo desafio acadêmico	**Consigna do tipo desafio em cenas**	**Consigna do tipo desafio/problemas da vida cotidiana**
↓	↓	↓
Problemas correspondentes a uma área do conhecimento.	Jogo de papéis (na realidade ou em forma imaginária).	Resolver situações verdadeiras que exigem soluções reais.
→ Focalizada em uma área do conhecimento. → Ocupa-se de um problema que deriva diretamente de um campo disciplinar. → Contexto autêntico mínimo.	→ Focalizada em uma ou várias áreas do conhecimento. → Problema similar ao da vida cotidiana. → Contexto autêntico médio.	→ Interdisciplinar. → Problema complexo da vida cotidiana. → Contexto autêntico máximo.

Fonte: Adaptado de Anijovich; Malbergier; Sigal, 2004, p. 56.

Segundo Gordon (1998), o desafio do professor ou de qualquer outro profissional que busca a aprendizagem de sujeitos é o de envolver os alunos em situações autênticas de aprendizagem. Assim, pensamos que, se as consignas formuladas contiverem desafios em cenas ou problemas da vida cotidiana, teremos consignas de contextos com níveis maiores de autenticidade e, possivelmente, provocaremos um envolvimento cada vez maior dos alunos com as situações de aprendizagem. Como explicam Anjinovich, Malbergier e Sigal (2004, p. 56, tradução e grifo nossos), "na perspectiva adotada do enfoque do ensino para a diversidade, são enfatizadas as consignas do tipo problemas da vida cotidiana, porque cumprem com as condições de ser significativas e autênticas".

No decorrer do texto, o leitor encontrará essas categorias propostas por Gordon (1998) com outras designações: desafio acadêmico, desafio em cenas e desafio/problemas da vida cotidiana são denominados, respectivamente, de *enunciado, consigna cênica* e *consigna autêntica*.

A essa classificação acrescentamos as *consignas compostas*, que podem apresentar características combinadas dos demais tipos. As consignas podem ser também categorizadas de acordo com a sua forma de apresentação: escrita ou oral.

Em nossa prática, constatamos que a consigna entregue ao grupo de forma oral alimenta mais a fantasia de dependência, diferentemente de quando a consigna é escrita. Quando o docente ou coordenador apenas pede oralmente ao grupo algo a ser realizado, o grupo pode pensar que não ouviu tudo e perguntar-lhe, repetidas vezes, de quando em quando, o que é mesmo para ser feito. Isso dificulta a saída do professor do centro do processo de aprender dos alunos. Facilmente seu ego é avisado sobre sua importância e ele corre o risco de voltar ao centro, "só mais um pouquinho", podendo permanecer assim até o final.

Em um de nossos cursos de formação, aprendemos que a consigna oral deve ser dita uma única vez, pois, se alguém não a registrou, pode pedir ajuda ao grupo e acabar por saber o que é para ser realizado. Dessa forma, é possível desenvolver a atenção, a cooperação e a concentração. Podemos acrescentar ainda que é possível desenvolver a capacidade de fazer, de agir, de operar em grupo para decidir o que e como a tarefa solicitada por meio de uma consigna poderá ser realizada.

A análise desses aspectos nos faz refletir sobre outras questões: Por que temos tanto medo da não compreensão de nossos alunos? Por que nos sentimos tão necessários a ponto de impedi-los de pensar e de se desenvolver?

Algumas reflexões sobre a prática educativa guiada por consignas

Da forma como as estamos concebendo, as consignas podem fazer com que passemos a acreditar na força dos alunos para pensar, discutir, organizar, produzir suas tarefas de forma mais autônoma, ou ainda, ontonômica. Segundo Barros (2005), o conceito de *ontonomia*[3] supera o de determinação individual contido no conceito de *autonomia*. A ontonomia é definida pela autora como a articulação entre a subjetividade e a intersubjetividade, na qual as escolhas são realizadas pelos sujeitos que convivem e que despertaram sua consciência para o papel do ser humano na Terra, e não apenas para o autogoverno.

Dufour (2008, p. 22), no entanto, alerta-nos para o fato de que autonomia, como a conceberam Rousseau e Kant, não se relaciona com a interpretação pós-moderna que nos remete ao "fazer o que se quer", e sim com "obedecer às leis que nos demos". Nesse sentido, a autonomia nos protege do risco de deixarmos de ser indivíduos para nos tornarmos massa.

O conceito de *ontonomia*, por outro lado, vincula-se ao estudo da alteridade e encerra um enfoque transcendental, porém ajuda-nos a pensar em nossa intenção na formação de seres humanos. Queremos pessoas que saibam autogovernar-se, autônomas, capazes de resolver seus problemas, ou pessoas que, além de serem

---

3   *Ontonomia* é um termo introduzido por Raimon Panikkar (1918-2010), um pensador excepcional de origem multicultural e religiosa (indiano e catalão), que em seu trabalho buscou aproximar filosofia e ciência propondo a superação dos conceitos de heteronomia e autonomia no âmbito dos estudos de cada uma dessas áreas, dando lugar a um processo de relação entre elas. Defendeu a harmonia entre o um e o outro e a isso chamou de *ontonomia*. Já no trabalho de Barros (2005, p. 122), *ontonomia* diz respeito ao "processo de relação entre duas ou mais pessoas dentro de uma cultura". Para saber mais sobre o conceito de ontonomia proposto por Panikkar, acesse: <http://www.raimonpanikkar.com/articles/elpensamientocristiano.htm>.

autônomas, tenham uma consciência planetária e consigam conviver e resolver problemas junto com os outros?

> O processo de transformação do indivíduo em sujeito é comum nas culturas onde a autonomia ou a ontonomia rege as relações entre seus membros, ainda que sejam processos diferentes: na autonomia as escolhas são limitadas, pois a consciência se estreita ao colocar o próprio indivíduo como centro de tudo e, mais grave ainda, a vontade individual passa a ser controlada pelo *Marketing* ou pela Propaganda (a partir do pós-guerra), e o indivíduo nem se apercebe disto; na ontonomia [...] a subjetividade e a intersubjetividade se articulam, as escolhas são exercidas efetivamente pelos sujeitos, porque as consciências foram despertadas a refletir profundamente sobre: O papel do Homem na Terra, a relação consigo mesmo, com o outro e com o Cosmo [...]. (Barros, 2005, p. 117-118)

Podemos desenvolver o estudo das consignas pensando nesse viés, com o objetivo de promover a formação de um indivíduo consciente, situado, pensante e coletivo, evitando, assim, a transformação desse estudo em um instrumento que venha a reforçar o pensamento neoliberal, um guia das práticas educativas atuais, menos reflexivas.

A realização das tarefas e a saída do professor do centro do processo justificam-se para superarmos o autoritarismo, mas não podem justificar-se para o fortalecimento do individualismo. A consigna é aqui entendida como instrumento de construção coletiva que valoriza tanto o indivíduo em seu processo de individuação quanto o grupo em seu processo de cooperação e de desenvolvimento da capacidade de interdepender, de conviver, de coexistir e de valorizar o outro nessa relação.

Além disso, a consigna, que constitui uma instrução de tarefas a serem seguidas pelo grupo ou individualmente, contém informações suficientes para a sua realização da forma menos dependente possível da figura do professor, para o exercício da interdependência grupal. Ao oferecer a consigna, o docente ou o coordenador de grupos deve acreditar em seus alunos e compreender os caminhos escolhidos por eles, ainda que sejam diferentes daqueles que havia imaginado.

Todo trabalho com consigna deve contar com o momento de trocas entre os integrantes do grupo, entre equipes[4] e entre o grupo e o professor. As diferenças podem ser apontadas, ponderadas, transformadas em conhecimento a ser assimilado pelos esquemas de aprendizagem em ação.

Além disso, o uso de consignas exige do professor a habilidade para lidar com a tensão que possa surgir entre o grau de autonomia apresentado e o guia de informações que é referência da tarefa. Executar uma consigna não significa fazer como melhor parecer ao grupo, nem cumprir todos os passos descritos sem fazer escolhas, sem discutir e fazer as reflexões necessárias.

Uma boa consigna informa ao grupo a totalidade da tarefa, suas intenções, bem como fornece informações sobre o material e o tempo disponibilizados para sua execução, deixando espaço para o grupo fazer escolhas e pensar.

É comum que se confundam as consignas com as instruções existentes nos livros didáticos ou com os enunciados que os professores normalmente escrevem no quadro para os alunos executarem. Trataremos, na sequência, de diferenciar esses termos.

---

4   Diferenciamos *grupo* e *equipe* para nos referirmos às distintas configurações da equipe de coordenação e do grupo coordenado por essa equipe. Em nosso trabalho, sentimos também a necessidade de diferenciar *grupo* dos pequenos grupos que, muitas vezes, organizam-se para a realização de uma tarefa, mas não interferem na identidade grupal. Utilizamos aqui o termo *grupo* para identificar uma unidade em funcionamento e *equipe* em referência aos subgrupos.

Sobre consigna e enunciado: definição dos conceitos

Ao pensarmos sobre a classificação de consignas, entendemos que aquela chamada por Gordon (1998) de *desafio acadêmico* é denominada pelos livros didáticos brasileiros de *enunciado*.

Enunciado é uma palavra que pode ser utilizada como adjetivo ou como substantivo e que também está relacionada, nos estudos da linguagem, ao discurso e ao resultado da produção discursiva. *Enunciado*, em português, significa "exposição sumária de uma verdade expressa, sem desenvolvimento e explicação, com a finalidade de demonstrá-la [...]" (Michaelis, 1998, p. 826).

Vejamos, na sequência, como a distinção entre os dois conceitos pode ficar mais clara.

Enunciado

Para ilustrar o que pretendemos diferenciar aqui, trazemos um exemplo de atividade inspirada em propostas geralmente encontradas em livros didáticos de língua portuguesa. Observe que esse enunciado caracteriza-se como um desafio acadêmico, segundo classificação de Gordon (1998) já apresentada nesta obra.

> Produza um poema semelhante ao que você leu. Depois, mostre o texto aos seus colegas.
>
> ### Orientação para o professor:
>
> Explique aos alunos que eles vão produzir um texto com base em um já existente. Para isso, terão de mudar o assunto e conservar o estilo. Proponha a montagem de um livro com os poemas produzidos. Depois de pronto e ilustrado, faça o lançamento do livro na biblioteca da escola, convidando os alunos das outras salas para comparecer ao evento. Aproveite para elaborar coletivamente o convite do lançamento do livro.

Quanta informação fica somente com o professor! No exemplo de enunciado apresentado ao aluno, parece faltar um sentido para o que deve aprender, cabendo-lhe cumprir uma ordem com a qual não se envolve. O aprendiz não é tocado pela emoção de conhecer a intenção da tarefa no seu todo. Será que, se os alunos soubessem que a escrita dos poemas resultará em um livro de poemas cujo lançamento será na biblioteca da escola, o envolvimento não seria outro? Por que as instruções precisam ser entediantes, distantes e sem sentido? Por que pensamos que apresentar o todo em pequenas doses vai ser melhor para o aprendizado?

Entendemos que a tarefa proposta ao grupo de alunos precisa ser conhecida inteiramente por eles para que escolhas possam ser feitas no percurso de sua realização.

Consigna: instrução ampliada

Podemos definir *consigna* como uma instrução ampliada que, além de explicar o que é para ser realizado, delineia caminhos, apresenta os recursos disponíveis para a realização da tarefa e os objetivos a serem atingidos, deixando, porém, espaço para: a forma de organização da tarefa, as escolhas, a resolução dos conflitos que podem surgir durante a execução da tarefa, a criação e a autoria.

A diferença mais acentuada entre consigna e enunciado é que este se constitui de uma instrução que espera apenas uma determinada resposta dos alunos, como neste exemplo: "Escreva uma carta a um colega contando como foram suas férias."

Se relacionarmos nosso estudo sobre consignas com o estudo da conduta proposto por José Bleger (1984)[5], podemos dizer que o enunciado, da forma como tem sido utilizado, muitas vezes pede como resposta uma conduta molecular que, segundo o autor, diz respeito à interpretação segmentária da conduta, em vez daquela que entende a conduta tal qual ela é – uma manifestação de totalidade do ser humano.

Para exemplificar, consideremos um enunciado no qual se solicita a uma criança que encontre palavras com a mesma letra. Trata-se de um pedido que remete a uma conduta molecular, porque faz um recorte da totalidade. Esse enunciado encerra a ideia de que, para aprender, é preciso segmentar, sem considerar que, para aprender a ler e escrever, por exemplo, é necessário que os sentidos resultem tanto do contexto quanto da resposta do aprendiz.

Assim, pensamos que a consigna, da forma como a concebemos, exige do aprendiz uma conduta com sentido, relacionada com a vida; uma conduta molar que, segundo Bleger (1984), é a

---

5   José Bleger (1922-1972), psiquiatra e psicanalista argentino, foi aluno de Enrique Pichon-Rivière e, em sua obra intitulada *Psicologia da conduta* (1984), buscou dissolver falsas antíteses sem negar o papel da contradição existente nos fenômenos. Sua intenção era construir um enquadramento no qual filosofia e ciência se libertassem das divisões e limites arbitrários que lhes são impostos.

manifestação da totalidade do sujeito. É um acontecer humano que possui um significado, um sentido.

O sentido nasce do contexto no qual a conduta emerge. "Toda conduta tem sentido quando a relacionamos com a vida do sujeito nas situações concretas em que a dita conduta manifesta-se" (Bleger, 1984, p. 86).

Para formular uma consigna, é necessário considerarmos três tipos de sentido:

1. um sentido genético, que se refere à origem da conduta e do contexto, suas histórias, e que possui uma relação com o passado;

2. um sentido éidico[6], que diz respeito à relação parte-todo, à necessidade de focar (observar a parte) e ampliar (observar o todo) a realização de uma tarefa e que tem relação com o presente;

3. um sentido télico, que se refere a intenções, aspirações e futuras tarefas que surgirão a partir desta, e que também estabelece uma ligação com situações futuras.

Portanto, uma consigna que vise à aprendizagem da leitura e da escrita, por exemplo, não pode apenas solicitar exercícios com palavras e letras soltas, sem sentido, que não liguem o aprendiz ao que ele já sabe (passado). É preciso que, além disso, ele possa fazer as articulações possíveis com o material de que dispõe, com as ideias das pessoas que estão envolvidas no processo, com a compreensão daquele momento (presente), bem como traçar planos, ter aspirações e pensar em novas possibilidades de aplicação daquele conhecimento (futuro).

---

6   Conforme José Ferrater Mora (2001, 2646-2647), o termo *éidico* designa o aspecto estrutural (que resulta da relação parte-todo) do conceito de *sentido*, sendo este um dentre os aspectos distinguidos por Walter Blumenfeld ao explicar o referido conceito.

Assim, o enunciado "Encontre palavras que comecem com a letra P" poderia ser modificado da seguinte maneira, de forma a contemplar os três tipos de sentido:

> Vocês vão organizar os livros da classe, colocando-os em ordem alfabética para, em seguida, realizarmos uma roda de conversa[7], momento em que vocês terão como tarefa relatar as estratégias utilizadas para fazer a ordenação dos livros, as descobertas feitas durante a atividade e as dificuldades encontradas na sua realização, bem como quais letras foram omitidas ou repetidas e, ainda, quais estão relacionadas ao nome dos integrantes do grupo, entre outras possibilidades.
>
> Vocês terão "x" minutos para a ordenação dos livros, e a roda de conversa terá a duração de "x" minutos.

Ao analisarmos essa consigna, podemos estabelecer as seguintes relações:

→ Quanto ao sentido genético – Para a realização dessa tarefa, o grupo recorre aos conhecimentos já adquiridos

---

7 Aqui nos referimos ao conceito de *roda de conversa* como uma práxis a ser comparada com a vivenciada com base no conceito de *círculo de cultura*, sistematizado por Paulo Freire na elaboração de seu método de alfabetização de adultos (Freire, 2006, p. 341-346). Como no círculo de cultura, a roda de conversa parte da experiência vivida pelo aprendiz, do seu cotidiano e do cotidiano do grupo, para que, em uma relação de horizontalidade entre sujeitos iguais, seja possível compor o conhecimento científico destacando as experiências de maior significado para o grupo. Nesse caso, o educador assume o papel de observador para a seleção das experiências que serão destacadas e, também, o papel daquele que pensa com o grupo, promovendo a aprendizagem autêntica e a transformação da curiosidade espontânea em curiosidade epistemológica, pelo exercício do diálogo e da reflexão crítica.

individualmente: letras do alfabeto mais conhecidas, relacionadas com palavras do contexto particular de cada um.

→ Quanto ao sentido éidico – **Pode ser promovido, por** exemplo, com a consulta ao alfabeto móvel presente no ambiente escolar; a consulta aos saberes dos colegas; a consulta ao professor; a consulta a materiais presentes em sala, como o dicionário; a articulação de saberes no momento da realização da roda de conversa.

→ Quanto ao sentido télico – **Pode ser alcançado, por** exemplo, com a utilização da biblioteca de sala no cotidiano, em ações de pesquisa, empréstimo, devolução, inclusão de novos títulos no decorrer do ano letivo, ou seja, em ações nas quais se relacionem uso e função. Também está presente na aprendizagem instrumental que todos vivenciamos quando consultamos uma agenda telefônica; na aquisição de livros em uma livraria; na consulta de diferentes tipos de listagens, como as presentes em resultados de concursos.

As consignas ampliam as possibilidades de ação do aprendiz sobre a sua própria aprendizagem, oferecendo-lhe caminhos a serem analisados, escolhidos e percorridos com a parceria do professor e dos colegas na autoria das tarefas. Utilizando essas ferramentas, promovemos a troca de conhecimentos e o contato permanente com a realidade, tornando a aprendizagem significativa, como ilustram os exemplos que serão apresentados no próximo capítulo.

capítulo 3

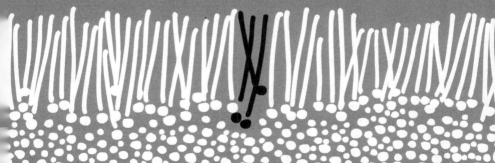

Neste capítulo, vamos apresentar dois exemplos de aplicação de consignas desenvolvidos na Escola Terra Firme, em Curitiba, nos quais utilizamos o protocolo (formulário a ser preenchido) e a contextualização de consigna como instrumentos de análise e de articulação dos saberes sobre consignas.

Os protocolos utilizados nos exemplos aqui apresentados foram baseados no modelo construído pela equipe pedagógica da Escola Israelita Brasileira Salomão Guelmann e descrito no livro *O processo educativo: articulações possíveis frente à diversidade: relato de uma práxis* (Carlberg, 2006).

Esses protocolos, ao serem preenchidos, permitem a organização das ideias e das parcerias entre professores de diferentes áreas do conhecimento, entre a escola e a comunidade ou ainda entre outros grupos possíveis. Podem servir como registro do trabalho e compor o portfólio dos alunos, dos professores e da escola.

Neste livro, decidimos utilizar o protocolo por considerarmos que se trata de uma boa ilustração didática, porém é importante salientar que não é um modelo único a ser seguido e copiado, mas sim uma referência.

Além do protocolo (ou formulário), outro elemento apresentado neste livro como um recurso organizador é um mapa, o qual chamamos de *contextualização de consigna*, que revela a rota planejada de algumas consignas. Com essa escolha, nossa intenção é ajudar o leitor a perceber se as consignas estão situadas em um contexto maior. Cabe observarmos que esses recursos podem ser utilizados por qualquer escola ou para a análise de processos educativos de diferentes instituições.

Primeiro exemplo

contextualização

O projeto de aprender[1] "Viagem pelo mundo" foi desenvolvido pelo 2º ano da Escola Terra Firme, a partir do eixo temático "Intenção, ação e concretização", em 2008. Esse eixo foi escolhido pela equipes pedagógica e administrativa, considerando o que a comunidade escolar objetivava aprender e ensinar naquele ano letivo.

É no eixo temático que os professores e os alunos dessa escola se apoiam para desenvolver seus projetos de aprender. Dessa forma, logo no início das aulas, a professora do 2º ano trabalhou o significado do tema escolhido como eixo, levando à descoberta do sentido das palavras que o compõem.

O grupo do 2º ano concluiu que, para alguém aprender, é preciso haver uma intenção, para então ele agir e realizar a intenção. Concluíram também que, quando se vai à escola, a intenção é aprender; logo, é preciso "fazer coisas" para se conseguir aprender.

A professora iniciou o trabalho com os alunos pela organização de um mapa (contextualização de consigna)[2] – uma ferramenta que permite organizar as relações entre as disciplinas, seus conteúdos e as investigações realizadas, articulando-as com as experiências propriamente ditas. No centro do mapa foi colocado o eixo temático, seguido da pergunta: "Como a gente aprende?". O resultado pode ser observado na ilustração a seguir.

---

1   Para saber mais sobre o projeto de aprender, consulte o capítulo intitulado "Projeto de aprender", de autoria de Laura Monte Serrat Barbosa, que integra o livro *Intervenção psicopedagógica no espaço da clínica* (Ibpex, 2010), e o capítulo intitulado "Momento de aprender a focar no aprender: a formação de educadores", da mesma autora, que consta no livro *A psicopedagogia e o momento de aprender* (Pulso Editorial, 2006).

2   Trata-se de uma ferramenta criada na práxis da Escola Terra Firme que permite o registro do percurso de um fenômeno, usando elementos semelhantes aos presentes em um mapa conceitual, sem a preocupação com o conceito, mas com os caminhos, o percurso, as ligações existentes entre eles.

Figura 3.1 – Contextualização de consigna nº 1 – Respostas dadas pelos alunos à pergunta "Como a gente aprende?"

2º ano

As crianças levantaram muitas hipóteses para responder à pergunta e disseram que aprendemos "estudando, brincando, olhando os outros fazerem, na aula de música e de espanhol, ajudando os outros, tentando, errando, lendo e tentando ler, pesquisando, em casa, na escola, nas férias, viajando".

A professora incentivou a discussão sobre a ideia de aprender viajando e apresentou o livro *Crianças como você: uma emocionante celebração da infância no mundo*, de Barbanas e Anabel Kindersley, publicado em parceria com o Fundo das Nações Unidas pela Infância (Unicef), que é referência dessa turma para esse projeto e que aborda a vida de crianças em muitos países do mundo. Além do livro, foi incentivada a exploração do mapa-múndi e do globo terrestre.

Como resultado dessa atividade inicial, os alunos decidiram fazer uma viagem pelo mundo e precisaram, então, escolher a primeira parada. Cada aluno pôde apresentar sugestões do país a ser visitado em primeiro lugar, com argumentos para que a sua escolha pudesse encantar outros colegas e, com isso, fosse possível realizar uma viagem imaginária. O país foi selecionado por meio de votação.

FIGUIra 3.2 – Resultado da votação para a escolha do país a ser visitado pelos alunos

Crédito: Turma do 2º ano da Escola Terra Firme

A partir desse ponto, os alunos produziram seus passaportes, construíram suas malas de viagem e fizeram listas sobre o que deveria ser colocado nas malas. Iniciaram, então, uma arrumação simbólica das malas, usando a escrita e o desenho para se expressar.

O conhecimento a ser aprendido nessa viagem foi organizado em um segundo mapa referencial, que norteou o trabalho pedagógico.

FIGURA 3.3 – Contextualização de consigna nº 2 – Seleção dos conteúdos necessários para a realização da viagem e possíveis relações com as disciplinas

Aplicação de consignas no âmbito escolar | 49

consigna cênica

Como já explicamos, a consigna cênica é aquela que propõe, de maneira imaginária, a solução de problemas similares aos da vida cotidiana, podendo incluir o jogo de papéis.

Selecionamos uma das consignas utilizadas no âmbito do projeto de aprender "Viagem pelo mundo" para ilustrar, neste livro, a consigna cênica. Ela foi apresentada oralmente (para o primeiro segmento da viagem).

CONSIGNA CÊNICA PROPRIAMENTE DITA

Em nossa viagem para a Índia levaremos uma mala. Gostaria que vocês escrevessem o nome de algo importante que precisam levar na viagem, para que seja possível organizar nossa lista e arrumar nossa mala. Teremos 10 minutos para esta primeira parte da tarefa e é permitido pedir ajuda.

Protocolo

→ Data: 2008
→ Autoria: Professora Kátia Bassetti – 2º ano do Ensino Fundamental
→ Título/Tema: Viagem pelo mundo – Índia – Primeira Parada
→ Disciplinas: Língua Portuguesa, Educação Artística, Geografia e Matemática.
→ Consigna de: (X) abertura
             ( ) desenvolvimento
             ( ) fechamento
→ Consigna: ( ) acadêmica
             (X) cênica
             ( ) autêntica

→ Conteúdos: Leitura cartográfica, tomada de decisão em grupo, previsão, leitura e produção escrita.
→ Constantes do enquadramento:
Espaço: sala de aula, pátio e sala de psicomotricidade.
Tempo: de 4 a 6 semanas.

FIGURA 3.4 – Contextualização de consigna nº 3

---

3   No ano de 2008, a escola estava em transição do modelo seriado para o anualizado, por isso havia 1º e 2º anos junto com a 2ª, 3ª e 4ª séries.

COMENTÁRIOS

Ao ser solicitado às crianças que escrevessem o nome de algo com significado, deu-se um sentido genético à tarefa; partiu-se da avaliação delas do que consideravam importante e do nível de escrita em que se encontravam. Quando foi informado a elas o que ia ser realizado com a sua escrita e se estabeleceu o tempo da ação, colocou-se o aprendiz em contato com a tarefa, com as relações parte-todo necessárias para que a tarefa tivesse um sentido éidico. Quando foi falado que os alunos iam fazer uma viagem e, para isso, precisavam organizar a mala, eles foram instigados a imaginar a viagem, antecipar necessidades, pensar no futuro, e a tarefa; dessa forma, passou a ter um sentido télico.

Segundo exemplo

Contextualização

Como parte do Projeto de Aprender Perfil, desenvolvido com um grupo de 7ª série (atual 8º ano) da Escola Terra Firme (Curitiba/PR), cujo objetivo geral era "Conhecer, criar e recriar novas formas de aprender os conteúdos escolares para interagir no dia a dia", estudou-se o corpo humano (conteúdo previsto para essa série), entendendo-se o tema como uma necessidade dos alunos desse nível de ensino.

Para esse projeto, batizado de *Corpo a Corpo da Consciência Corporal*, partiu-se das relações entre arte, corpo e sexualidade. Entre as atividades propostas, os alunos conheceram o perfil de um artista norte-americano chamado Keith Allen Haring, que começou grafitando as paredes do metrô com giz e explorou em toda a sua obra as relações, a sexualidade em figuras humanas sem rostos, que, pelas diferentes cores e movimentos, trazem a sua mensagem, que pode ter diferentes interpretações, de acordo com a visão de mundo de cada pessoa.

O grupo também aprendeu sobre as funções do sistema reprodutor nos estudos de ciências, discutindo suas dúvidas tanto com a própria professora quanto com uma especialista em psicologia. Isso possibilitou o contato com diferentes pontos de vista sobre sexualidade.

Com a professora de Língua Portuguesa, o grupo estava conhecendo o perfil de alguns poetas brasileiros e analisando algumas de suas obras.

Estudamos uma das consignas desse projeto (um projeto pode ser composto de várias consignas) e a aperfeiçoamos para que o leitor possa compreender melhor o conceito de consigna autêntica. Na sequência, apresentamos também o protocolo e o mapa produzidos para esse projeto.

consigna autêntica

Como explicamos, a consigna autêntica é aquela que propõe a resolução de situações da vida cotidiana, incluindo aprendizagens escolares como instrumentos de compreensão do mundo, de maneira inter e transdisciplinar.

No projeto original, as professoras utilizaram a consigna selecionada de forma oral, porém consideramos oportuno transformá-la em uma consigna escrita, como um exemplo capaz de destacar pontos importantes de uma consigna.

CONSIGNA PROPRIAMENTE DITA

Vamos despertar o artista que há em vocês?

No final do nosso Projeto Perfil, vamos promover uma exposição em homenagem ao artista que vocês escolheram: Keith Allen Haring. Procederemos à organização desse evento com base no seguinte roteiro:

a) Cada um de vocês escolherá uma das obras do artista e fará uma releitura dela em duas dimensões; a seguir,

Aplicação de consignas no âmbito escolar

dará forma a uma expressão da mesma obra em três dimensões, usando apenas papel.

b) Com base na experiência estética vivida nos dois primeiros momentos, vocês farão a releitura das suas obras por meio da expressão escrita.

c) Depois desses primeiros produtos, reúnam-se em equipes para trocar ideias e aperfeiçoar suas obras.

d) Juntos, selecionem as obras (exemplares da obra do artista homenageado; releituras bi e tridimensionais e produções textuais realizadas por vocês); organizem a exposição (o local, o convite) no corredor próximo à saída para o pátio. Vocês terão sete aulas para realizar essa tarefa.

Os professores estão à disposição para auxiliá-los no que for preciso.

Protocolo

→ **Data**: 2006
→ **Autoria**: Ideia original: equipe docente da Escola Terra Firme
→ **Segundo olhar**: Simone Carlberg e Laura M. S. Barbosa
→ **Título/Tema**: Perfil/Sexualidade
→ **Disciplinas**: Língua Portuguesa, Ciências, Educação Artística, História, Matemática e Educação Física.
→ **Consigna de**: (   ) abertura
                  (X) desenvolvimento
                  (   ) fechamento
→ **Consigna**: (   ) acadêmica
                  (   ) cênica
                  (X) autêntica

→ Conteúdos

→ História: conhecer fatos históricos e o perfil das pessoas envolvidas;

→ História da Arte: conhecer o perfil de obras de arte e artistas em diferentes épocas;

→ Ciências: aprofundar o conhecimento do corpo humano e seus diferentes sistemas, com ênfase no sistema reprodutor;

→ Língua Portuguesa: ampliar o repertório de leitura e interpretação de narrativas, biografias e poesias;

→ Matemática: pensar e utilizar diferentes dimensões espaciais (Geometria);

→ Educação Física: explorar possibilidades de movimento corporal (dança) com a parceria da equipe de psicomotricidade relacional da escola.

→ Objetivos da consigna

→ Organizar uma exposição de arte, integrando disciplinas e descobertas;

→ Identificar o seu perfil como aprendiz.

→ Constantes do enquadramento

→ Tempo: dois meses

→ Local: sala de aula da 7ª série [8º ano]; pátio coberto e descoberto, biblioteca.

→ Material: textos poéticos, informativos, narrativos impressos e eletrônicos; livros de arte com ênfase na obra de Keith Haring; biografia de Keith Haring, computador; materiais de papelaria (papéis coloridos, tintas guache); suportes de madeira; aparelho de som; CD com músicas clássicas e *street dance*.

→ Plenária: realização de duas plenárias para análise crítica e avaliação dos poemas produzidos.

FIGURA 3.5 – Contextualização de consigna nº 1

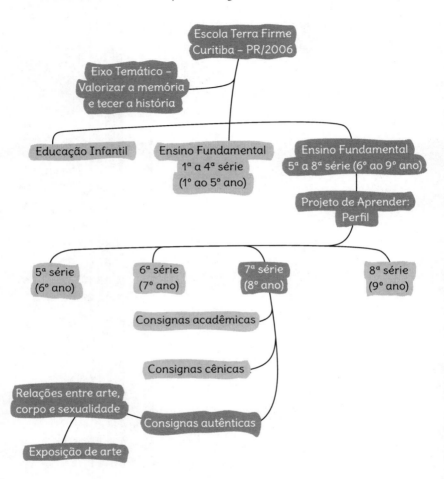

COMENTÁRIOS

O desenvolvimento do projeto teve início com a referência a um contexto histórico, conforme ilustra o mapa referencial da Figura 3.5, no qual se identifica o eixo temático estabelecido para 2006 na escola em questão – "Valorizar a memória e tecer a história" – e que deu origem, naquele ano, aos demais projetos de aprender.

Observe que houve um caminho claramente percorrido, que perpassou uma série de escolhas feitas pela equipe pedagógica da escola, desde a utilização de enunciados até chegar à formulação e ao emprego de consignas cênicas e autênticas.

Constatamos que, na execução do projeto, houve momentos de maior grau de autenticidade, ou seja, momentos mais significativos do ponto de vista da aprendizagem do mundo real, assim como momentos de maior grau de artificialização da aprendizagem, que se expressa na utilização de enunciados.

Todas as escolhas foram realizadas pelo grupo de professores da série, coordenadas com uma atitude predominantemente operativa e sustentadas pela proposta curricular que referencia os trabalhos de aprendizagem nesse nível de ensino.

Vale ressaltar, ainda, que consideramos essa consigna como autêntica com base em Anijovich, Malbergier e Sigal (2004, p. 57), porque apresenta as qualidades a seguir:

a) Focaliza os aspectos fundamentais do tema a aprender:
Os alunos focalizaram aspectos relativos ao corpo, à estética e à sexualidade constantes nos temas a serem discutidos.

b) **Requer a resolução de um problema:**
Os alunos resolveram problemas: realizaram, selecionaram obras de arte e organizaram a exposição.

c) **Estabelece relações com os conhecimentos prévios dos alunos:**
Os alunos partiram do que já sabiam e ampliaram os olhares sobre aspectos ligados ao corpo e às relações interpessoais.

d) **Articula conhecimentos, vivências e interesses pessoais, tornando a aprendizagem significativa:**
Os alunos articularam saberes, vivências e interesses pessoais.

e) **Apresenta um contexto real:**
A exposição foi um contexto real e a consigna possibilitou a articulação dos elementos que compõem esse contexto.

f) **É complexa – para sua resolução, é necessário cumprir etapas:**
O projeto envolveu todos os professores e todas as disciplinas e, na consigna, estava implícito o encadeamento de ações necessárias para chegar ao seu final.

g) **Acolhe uma pluralidade de respostas:**
Foram escolhidas diferentes obras e processos de criação, embora o material utilizado para a execução das obras tenha sido o mesmo.

h) **Permite diferentes procedimentos de resolução, utilizando recursos variados e fontes de informação de dentro e de fora da escola:**
A consigna permitiu o acesso a variadas fontes de informação dentro e fora da escola.

i) **É composta – os elementos que a integram estão inter-relacionados:**
A consigna promoveu a integração de diversos elementos.

58 | O que são consignas?

j) Oferece possibilidades de relações com outros conhecimentos:

Foram contemplados temas ligados à vida do artista estudado e do momento histórico em que ele viveu.

k) Está claramente explicitado o que o aluno deve fazer:

A consigna foi clara e deixou espaço para escolhas.

l) Favorece uma diversificada interação social:

Os alunos puderam agrupar-se de distintas formas e interagir com integrantes de diferentes gerações (crianças, jovens, adultos).

m) O tempo de realização contempla várias aulas de diferentes disciplinas, bem como estende-se por um período relativamente longo:

A consigna contemplou várias aulas de diferentes disciplinas.

n) Promove a generalização e a articulação de conhecimentos:

A consigna possibilitou a articulação de conhecimentos.

o) Estimula a autoavaliação e a reflexão em relação ao processo e seus produtos:

O processo ofereceu indicadores para a revisão de objetivos e a realização de avaliações individual e grupal.

Conclusões sobre a diferença entre consigna e enunciado

Com base nos dois exemplos examinados, é possível ampliar a compreensão quanto à diferença entre consigna e enunciado. Parece-nos que o principal aspecto diferenciador entre esses dois elementos está no fato de a consigna apresentar aos alunos a proposta como um todo, estimulando-os a se organizar e a chegar aos resultados sabendo com que intenção estão sendo esperados.

No entanto, muito embora o aluno conheça a intenção da proposição da consigna, não existe a expectativa de que todos apresentem apenas uma resposta.

No segundo exemplo, os alunos que receberam a consigna tiveram a possibilidade de produzir a releitura de uma obra de arte em duas e três dimensões; de escrever o poema, neste caso, individualmente; de escolher, entre os materiais disponíveis, aqueles que desejassem; de pedir ajuda aos colegas e à professora; de aperfeiçoar sua produção pela observação do trabalho grupal; de organizar uma homenagem, também em grupo, escolhendo os elementos que fariam parte da exposição.

Nessa consigna, está presente o sentido genético, pois ela se apoia sobre os conhecimentos prévios dos alunos e, principalmente, sobre a escolha do artista a ser representado. A realização das duas formas de representação plástica remete ao sentido éidico, na medida em que são oferecidos aos alunos materiais específicos que impõem obstáculos a serem superados e que se solicita a expressão por meio da poesia com base no próprio produto: trabalha-se com os elementos do presente. Já o sentido télico aparece na organização de uma exposição maior, na qual a 7ª série teria uma participação que seria vista por toda a escola e pelas famílias dos alunos.

Por outro lado, se os alunos tivessem recebido um enunciado como "Produza um poema semelhante ao que você leu", eles fariam individualmente um poema parecido com o lido e conhecido pela turma e, depois, provavelmente seriam convidados a mostrar aos colegas; portanto, a resposta esperada seria apenas a apresentação de um produto semelhante ao estudado em classe.

O sentido genético, no entanto, não pode se manter, se a origem da tarefa encontra-se em outro poema aprendido, e não na história dos alunos ou do contexto. O sentido éidico não pode se sustentar se a ação solicitada é reproduzir alguma coisa sem outro objetivo que deixe espaço ao envolvimento do grupo para construir algo com sentido.

O sentido télico, por sua vez, não se encontra presente quando o futuro está totalmente planejado, antes mesmo de os alunos receberem a tarefa que resultará em um livro a ser lançado de determinada forma, em determinado lugar.

capítulo 4

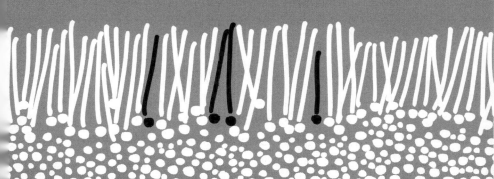

Utilização de consignas nos âmbitos psicopedagógicos clínico e institucional

Em psicopedagogia, o modo como um pedido é comunicado ao interlocutor nos interessa, porque o conteúdo da mensagem requer um tratamento que a transforme em uma maneira de intervenção, a qual, por suas características, promove no aprendiz um movimento que poderá ser, entre outras formas, de curiosidade, de interesse ou de investigação.

Essa preocupação nos motivou a realizar um estudo detalhado da qualidade da comunicação estabelecida nos âmbitos psicopedagógicos clínico e institucional, contexto no qual nossas reflexões se voltaram para as consignas.

Âmbito psicopedagógico clínico

A psicopedagogia no âmbito clínico ocupa-se em compreender o aprendiz em seu processo de aprendizagem, tanto no domínio próprio quanto no domínio familiar e escolar, em momentos de avaliação e atendimento psicopedagógico.

Na interação do psicopedagogo com seus aprendizes, tanto individualmente quanto em grupo, são utilizadas as consignas.

Processo diagnóstico e atendimento psicopedagógico individual

A primeira consigna do âmbito psicopedagógico clínico que aprendemos com Jorge Visca em suas aulas – assistidas por nós no curso de formação em Psicopedagogia (final da década de 1980) referido anteriormente – diz respeito à utilização da entrevista operativa centrada na aprendizagem (Eoca)[1] para observarmos aprendizes e conhecermos sua maneira de aprender, assim como para levantarmos hipóteses sobre seu funcionamento no processo de aprendizagem. No início da Eoca, utiliza-se uma consigna que tem por finalidade limitar o campo, sem estruturá-lo a partir da experiência do entrevistador, e permitir que o entrevistado decida o que e como vai fazer. É em razão de ter essa natureza que a Eoca recebe essa denominação:

→ entrevista: por ser um momento em que alguém vai apresentar-se e alguém vai observar e intervir, se necessário;
→ operativa: por ser uma entrevista em que a finalidade é "fazer", e não simplesmente "responder perguntas";
→ centrada na aprendizagem: por ser a aprendizagem o seu principal foco.

Se o objetivo é observar como a pessoa funciona em seu processo de aprender, é mais eficaz que o coordenador não centre a entrevista em si mesmo, mas deixe espaço para que o entrevistado escolha, entre os materiais oferecidos, por qual deseja começar, o que e como deseja fazer.

Visca (1991, p. 38) indica mais duas formas de propor consignas para a continuidade do trabalho no decorrer da Eoca:

1. consignas com proposições abertas, por meio das quais o sujeito se mobiliza a revelar outras possibilidades de aprendizagem já efetivada ou em processo, como no caso de: "Você já me mostrou que sabe desenhar, então eu gostaria que você me mostrasse outra coisa que já aprendeu";

---

1 A Eoca é iniciada com uma consigna que não determina o que a pessoa deverá fazer, mas indica onde irá trabalhar e com quais materiais poderá contar, limitando, de certa maneira, as escolhas do aprendiz avaliado. Em seu livro *Clínica psicopedagógica: epistemologia convergente*, Visca (2010, p. 95-100) apresenta a seguinte consigna de abertura da Eoca: "gostaria que me mostrasse o que sabe fazer, o que te ensinaram, o que você aprendeu. Se precisar, pode utilizar o material que se encontra sobre a mesa".

2. consignas com proposições fechadas, que, apesar de também não sugerirem o que e como fazer, apontam para a mudança de tarefa e para a realização de uma tarefa específica, como em: "Gostaria que me mostrasse algo escrito por você", ou ainda, "Gostaria que você escrevesse algo".

Essas consignas propostas por Visca (1991) ainda são utilizadas no atendimento psicopedagógico no âmbito clínico individual. A seguir, apresentaremos outras formas de utilização de consignas em coordenação de grupos.

Atendimento psicopedagógico grupal

No atendimento psicopedagógico grupal, trabalha-se com tarefas que não estão predeterminadas, mas nascem das necessidades do grupo, assim como vão sendo estimuladas e configuradas a partir do olhar, da escuta e da intervenção de quem coordena o grupo.

Em um grupo composto por adolescentes não é diferente – as consignas são formuladas a partir da leitura do movimento do grupo com que se está trabalhando. Para ilustrar, apresentamos um fragmento da experiência vivenciada com um grupo de atendimento psicopedagógico para adolescentes (13 a 18 anos), coordenados por nós com a predominância de atitude operativa.

Em grupos como esse, realizam-se intervenções variadas, entre as quais estão as consignas orais ou escritas; as consignas de abertura (que abrem o encontro); as consignas de desenvolvimento (que dão continuidade às tarefas já iniciadas pelo grupo); e as consignas de fechamento (que são responsáveis pela análise entre o que foi planejado e o que foi realizado, provocadoras da avaliação do grupo em relação à sua tarefa).

Nesse grupo de adolescentes, escolhemos utilizar uma consigna autêntica, de desenvolvimento[2], relacionada à construção de um jogo e que teve os seguintes objetivos alcançados:

→ orientar o grupo a fazer escolhas, previsões e planejamento em grupo;
→ executar o planejado e encontrar novas soluções para os problemas que surgirem;
→ criar as regras para o jogo;
→ avaliar o produto obtido colocando o jogo em uso;
→ utilizar mecanismos de trabalho grupal.

Ressaltamos que, nos grupos de atendimento psicopedagógico, as consignas aparecem como resultantes da evolução do diálogo que se estabelece entre os integrantes do grupo. A equipe de coordenação faz uma leitura metabolizada desse diálogo e a devolve em forma de intervenção, que, no caso do grupo de adolescentes em questão, foi uma consigna oral.

A origem da ideia da consigna (sentido genético) foi um encontro do referido grupo de adolescentes realizado em 3 de agosto de 2010, no qual todos os integrantes chegaram vestindo uma peça de cor negra, manifestando a preocupação em saber o que estavam fazendo no grupo depois de 7 meses de trabalho, com 1 encontro semanal de 75 minutos. Essa questão foi lançada em decorrência de um encontro com os pais dos integrantes do grupo para o acompanhamento destes, somado ao desejo de alta do atendimento.

Após o relato das novidades, que giraram em torno de temas variados, como um dedo quebrado, tocar piano, eclipse, dormir e acordar, viagem, passaporte, cinema, final feliz e livros, uma das sínteses que eles fizeram foi a de que estavam reunidos em grupo para aprender a viver, a conviver; para aprender a crescer e a se relacionar com as pessoas. Outra síntese feita foi: "estamos aqui

---

2   No Capítulo 6 – "Características e funções das consignas" – você encontrará mais informações acerca de consigna com função de desenvolvimento.

para desenvolver a atenção, ter mais paciência, para aprender a estudar, pensar, meditar e superar a timidez para falar".

Desse encontro integrador nasceu um projeto (sentido télico): produzir algo relativo à cultura.

O encontro seguinte (10 de agosto de 2010) teve como emergente de abertura bolas chinesas (objetos trazidos por um integrante do grupo), que, por serem duas, poderiam anunciar o início de um embate entre duas possibilidades que apareceriam na dinâmica grupal.

No decorrer do encontro, o grupo fez tentativas de integração entre dois temas de interesse: cinema e jogo. Dessa discussão surgiu o projeto propriamente dito: construir um jogo. Perguntaram-se, então, que tipo de jogo deveriam elaborar.

No encontro que se seguiu (17 de agosto de 2010), cujo emergente de abertura foi "boa tarde" em várias línguas, entre os temas tratados houve o acolhimento a um novo integrante, informando-o sobre o projeto a ser realizado, o que levou o grupo a organizar-se em um novo nível de maturidade em relação a suas ideias anteriores. Decidiram, então, por meio de votação, que seria um jogo de estratégia em tabuleiro (sentido éidico).

Com todo esse movimento, foi possível a esse grupo planejar, executar e avaliar uma produção coletiva. Para isso, fizeram uso de diversos materiais e ferramentas: furadeira, limas, aspirador de pó, tinta, entre outros.

O jogo ficou pronto no dia 30 de novembro de 2010 e, por decisão do grupo, com a anuência da equipe de coordenação, permaneceu exposto para utilização na sala de espera do consultório psicopedagógico.

Âmbito psicopedagógico institucional

Nossa prática profissional inclui ações no âmbito da docência, da pesquisa e da atuação em consultório. A articulação dessas ações permite que façamos, com certa facilidade, pontes entre esses âmbitos, o que nos leva a produzir sínteses e contribuições para a psicopedagogia como área de atuação.

Entre essas contribuições estão os artigos e livros que publicamos, os quais são utilizados em cursos de formação em Psicopedagogia.

Decidimos incluir neste livro algumas informações acerca de um instrumento criado por Simone Carlberg em 1995, por ocasião da implantação do estágio em Psicopedagogia no âmbito institucional, no curso de especialização em Psicopedagogia da Pontifícia Universidade Católica do Paraná (PUCPR).

Selecionamos esse instrumento pelo fato de que nele se utiliza uma consigna cuja formulação nos interessa examinar aqui. Trata-se da entrevista operativa centrada na modalidade ensino-aprendizagem (EOCMEA)[3].

A EOCMEA foi sistematizada para ser um instrumento de aproximação inicial para o psicopedagogo assessor, com o objetivo de organizar o primeiro sistema de hipóteses acerca do fenômeno a ser estudado. O fenômeno a que nos referimos é a modalidade de ensino-aprendizagem de uma instituição.

Toda a concepção desse instrumento foi inspirada na Eoca, instrumento criado por Jorge Visca e muito utilizado na ação psicopedagógica no âmbito clínico.

A EOCMEA é o primeiro instrumento a ser empregado depois da exposição de motivos da instituição que busca por uma avaliação psicopedagógica institucional e tem como características principais:

→ Não é possível existirem duas consignas iguais e, consequentemente, dois resultados iguais.

→ Sua condução prevê uma atitude predominantemente operativa.

---

3   Instrumento descrito no livro *Psicopedagogia: saberes, olhares, fazeres* (capítulo "Contribuições – composições teórico-práticas"), de autoria de Zenicola, Barbosa e Carlberg (2007).

→ Parte-se de uma consigna inicial ou de abertura.

→ Há um tempo determinado para a sua execução.

→ Em sua análise, são consideradas a temática, a dinâmica e o produto do grupo.

→ Tem a coordenação de dois ou três profissionais, dependendo do número de integrantes do grupo.

Temos constatado, por meio do depoimento de nossos alunos, uma tendência a considerar a EOCMEA como uma dinâmica de grupo, o que não procede; trata-se de um instrumento de aproximação de uma realidade grupal mediante uma consigna.

A principal diferença entre a formulação da instrução de uma dinâmica de grupo e de uma consigna é que a consigna não é formulada com a expectativa de um resultado previamente determinado. Trata-se da criação de uma situação-problema cênica, que serve como motivo para a observação do movimento grupal, aqui entendido como uma totalidade que expressa uma mentalidade, um jeito de funcionar e um padrão de funcionamento.

Uma consigna utilizada na EOCMEA promove, sem dúvida, a observação do movimento (dinâmica[4]) do grupo sob a influência (força) da solicitação de realização de uma tarefa. Mas não é somente isso que nos interessa. Tratamos de observar também a temática desenvolvida, ou tudo aquilo que é falado no decorrer da realização de uma tarefa, bem como o produto da tarefa, que pode ser desde uma salada de frutas, um cardápio, um jogo de tabuleiro até o projeto de um *outdoor*, entre outras possibilidades.

Muitos estudantes buscam em livros de dinâmicas de grupos instruções para a EOCMEA, porém não é exatamente disso que precisamos para a formulação de uma consigna cênica com essa finalidade. Pode-se, sem dúvida, buscar inspiração nesses livros ou manuais, mas entendemos que a criação de uma tarefa que não

---

4　Dinâmica: na Física, "parte da mecânica que trata do movimento dos corpos sob a influência de forças"; na Matemática, "parte da matemática que trata do movimento ou do estudo de forças" (Michaelis, 1998, p. 726).

seja descolada da realidade pesquisada faz muito mais sentido e responde melhor ao objetivo do instrumento.

A Eoca, instrumento já citado anteriormente, parte de uma consigna oral que faz uma solicitação ao entrevistado: "Com este material que está sobre a mesa, você poderá me mostrar o que sabe fazer, o que aprendeu, o que lhe ensinaram".

Na EOCMEA, a ideia é a mesma, mas a tarefa é realizada coletivamente e parte de uma consigna, que também pode ser oral, mas que funciona melhor se for escrita, pois, como se trata de um grupo, este pode consultá-la quantas vezes necessitar sem gerar um grau de dependência muito alto em relação à equipe de coordenação. Por outro lado, se, mesmo assim, o grupo insiste em depositar na equipe o saber fazer, este é um dado do funcionamento desse grupo e, com base nisso, é possível levantar hipóteses.

Consideramos ilustrativo apresentar dois exemplos de consignas formuladas e utilizadas em EOCMEAs já realizadas, mas não escondemos que temos muito receio de que esses exemplos sejam copiados, e não apenas utilizados como fonte de estudos. Ressaltamos, assim, que a simples reprodução desses exemplos deformará a EOCMEA, pois as consignas devem ser formuladas com base na experiência do grupo, nos objetivos da instituição que solicita a avaliação, entre outros aspectos. Apesar do risco, entendemos que talvez com eles possamos minimizar as confusões teóricas e práticas acerca das consignas com as quais temos nos deparado ao longo dos anos de docência em cursos de formação em Psicopedagogia.

EXEMPLO 1[5]

Instituição: escolar.
Motivo da procura: grande rotatividade entre os integrantes da equipe de limpeza.
Número de integrantes: 8 (oito).

Consigna da EOCMEA

Imaginem que vocês foram convidados a participar da organização da festa de aniversário de um funcionário da escola.

A festa acontecerá na própria escola e cada grupo de funcionários deverá levar algum tipo de alimento para a confraternização.

Vocês deverão contribuir com 50 brigadeiros. Para isso, terão 40 minutos e utilizarão os materiais disponíveis na mesa.

Após esse tempo, com os brigadeiros prontos, vocês deverão sentar-se em círculo para conversarmos a respeito da execução da tarefa.

Materiais dispostos sobre uma mesa central

→ 2 latas de brigadeiro;
→ chocolate granulado;
→ 50 forminhas de papel;
→ abridor de latas;
→ duas bandejas;

---

5 EOCMEA relatada no estudo de caso de avaliação psicopedagógica no âmbito institucional, apresentado por Pereira, Pereira e Hundzinski (2008) para a conclusão do curso de Pós-Graduação em Psicopedagogia da Pontifícia Universidade Católica do Paraná (PUCPR).

- → duas colheres;
- → guardanapos de papel;
- → manteiga.

COMENTÁRIOS

Observe que a tarefa do grupo é autêntica, porque o ato de fazer os brigadeiros é real; no entanto, a situação é cênica, porque a comemoração do aniversário é apenas uma suposição, um motivo para que o grupo seja colocado em movimento e possa ser observado em sua dinâmica na abordagem da temática e no resultado material da tarefa – o produto.

EXEMPLO 2[6]

Instituição: escolar.

Motivo da procura: indisciplina dos alunos, pouca criatividade, dificuldades de compreensão, abstração e interpretação.

Número de Integrantes: 33 alunos da 5ª série D.

Consigna da EOCMEA

Este grupo foi escolhido para participar de um projeto para o futuro. Para isso, vocês deverão construir, com os materiais que se encontram sobre a mesa, um objeto que

---

6 EOCMEA relatada no estudo de caso de avaliação psicopedagógica no âmbito institucional, apresentado por Veiga, Zulian e Bezerra (2000) para a conclusão do curso de Pós-Graduação em Psicopedagogia da PUCPR.

identifique este grupo. Esse objeto será colocado dentro de uma cápsula do tempo, que será aberta no ano de 2030. Para a realização dessa tarefa, vocês terão uma hora e quinze minutos. No final, a sala e os materiais deverão estar organizados.

Material disposto na mesa central

- → 25 tubos de plástico colorido;
- → 2 rolos de papel alumínio;
- → 1 caixa de papelão;
- → 1 bloco de papel autoadesivo verde;
- → 6 canetas esferográficas;
- → elásticos coloridos;
- → canudos de refresco.

COMENTÁRIOS

No exemplo 2, o tema da consigna está relacionado ao motivo apresentado pela instituição. Solicitar a construção de um objeto que representasse o grupo permitiu observar como ele se organizou, qual era seu potencial de criação, como identificou seu presente e como se projetou para o futuro.

O material utilizado tinha uma quantidade tal que não sugeria uma ação individual e convidava para a cooperação sem impô-la, sendo suficiente para que o grupo realizasse a tarefa solicitada.

Dessa consigna surgiu a ação do grupo e, com base nela, na comunicação verbal e no produto, foram levantadas hipóteses que nortearam o processo de avaliação da aprendizagem dessa instituição escolar.

O uso de consignas no âmbito psicopedagógico tem contribuído para a superação de um modelo de ensino-aprendizagem extremamente hierarquizado, no qual um propõe e outro executa a tarefa, tal como foi solicitada. As consignas propiciam uma forma de ir além do instituído, de modo que os aprendizes possam desenvolver maior autonomia, assim como aquele que coordena um grupo.

Cabe aqui acrescentar que a aplicação de uma EOCMEA é realizada por uma equipe de profissionais, que, para isso, faz uso de alguns instrumentos, tanto para os registros (temática e dinâmica) da sessão de aplicação da consigna quanto para a avaliação. Esta última é realizada por meio do cone invertido – instrumento de avaliação criado por Pinchon-Rivière (2005, p. 268).

capítulo 5

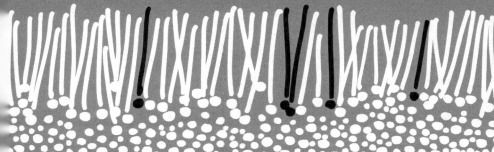

As consignas e o ambiente educativo

Cabe aqui conceituar o que entendemos por *ambiente educativo*, que tem sido também um tema pesquisado por nós, particularmente e de especial interesse de Carlberg, que iniciou o estudo do tema em 2001, por ocasião de sua participação em uma formação sobre Educação para a Diversidade (*Horrá Mut'emet*) coordenada por uma equipe da Universidade de Tel Aviv.

Em 2003, Carlberg apresentou sua primeira sistematização sobre o assunto com o título "Ambiente educativo: provocações"[1], sendo o tema incluído, em 2004, como vetor de análise em um grupo de pesquisa que, dividido em equipes, produziu o artigo "O ambiente educativo e o processo de aquisição de leitura e escrita", de autoria de Barbosa, Farah e Carlberg (2007).

Em 2008, como resultado do mesmo grupo de pesquisa, Carlberg e Pilatti produziram o artigo intitulado "Ambiente educativo", publicado, em 2011, como um dos capítulos do livro *Alfabetização: aprendizagem e conhecimento na formação docente*, no qual se chegou ao seguinte conceito de ambiente educativo:

> O termo *ambiente educativo* contempla a integração de aspectos físicos, filosóficos, científicos e práticos, portanto, todo ambiente, *a priori*, é educativo, uma vez que produz movimentos externos e internos nos sujeitos que por ele transitam. Qualquer ambiente expressa uma concepção, uma ideia. (Carlberg; Pilatti, 2011, p. 174-175, grifo do original)

Julgamos importante fazer essa contextualização histórica porque nós, as autoras, estamos envolvidas com muitos temas de estudo, os quais acabam integrando-se uns aos outros, o que se manifesta em nosso cotidiano profissional. Em decorrência disso, acabamos por abordar as temáticas nos contextos nos quais atuamos, notadamente no ambiente em que estamos diariamente – o consultório psicopedagógico.

---

1 Tema também tratado na obra *O processo educativo: articulações possíveis frente à diversidade – relato de uma práxis*, organizado por Carlberg (2006).

Um desses fazeres está relacionado com a reflexão sobre o quanto, por exemplo, em alguns encontros promovidos para a formação de coordenadores de grupo, o alimento que oferecemos também expressa uma concepção de homem e de mundo.

Como essa concepção se expressa na prática da escolha de alimentos, passamos a observar a reação dos integrantes dos grupos de formação diante de uma mesa bem posta: um alimento quentinho, como um creme de abóbora salpicado de salsinha e torradinhas em uma noite fria, ou um suco de uva sem açúcar e sem agrotóxicos, ou, ainda, um suco de abacaxi com hortelã, atendendo ao pedido sutil de um grupo. Na mesa, flores; no ar, o perfume suave de algo que está sendo preparado na cozinha... Enfim, fomos identificando o quanto, como disse uma aluna, "isso expressa cuidado".

Complementando o conceito apresentado inicialmente por Carlberg e Pillati (2011), citamos Tuan (1980, p. 107) ao definir *topofilia*: "A palavra *topofilia* é um neologismo, útil quando pode ser definida em sentido amplo, incluindo os laços afetivos dos seres humanos com o meio ambiente material". É disso que falamos ao nos referirmos a vínculo, elo, ligação.

Com base nessas experiências, construímos, em determinado momento, uma consigna que incluía a cozinha como lugar de interação do grupo que estava aprendendo sobre grupos, e decidimos apresentá-la aqui como uma possível articulação entre ambiente educativo e consignas, principal objeto de estudos deste livro.

O intervalo e o alimento simbólico

Seja bem-vinda...
Entre, entre...
Estou esperando por você...
[...] um momentinho só, enquanto termino
de lavar a mesa com menta fresca.
Pronto, vamos usar a louça bonita.
Vamos beber o que estávamos
reservando para "uma ocasião especial".
Sem dúvida, "uma ocasião especial"
é qualquer ocasião à qual a alma esteja presente.

Clarissa Pinkola Estés, 2007, p. 8

Após quase um ano de encontros de aprendizagem no âmbito de um grupo de formação em Teoria e Técnica de Grupos Operativos, com a participação de outros profissionais[2], apresentamos ao grupo a seguinte consigna escrita:

CONSIGNA PROPRIAMENTE DITA

O grupo terá 1 hora e 15 minutos para organizar e produzir o próprio lanche para o intervalo.

O material para a realização da tarefa encontra-se sobre a mesa auxiliar, no espaço do café, e a cozinha está à disposição da equipe.

Considerem que, com os ingredientes disponíveis, vocês deverão preparar um prato salgado, um doce e um suco.

Além disso, vocês deverão organizar a mesa de maneira convidativa.

---

2   Além das autoras, a coordenação contava com mais dois integrantes: Heloisa Monte Serrat Barbosa e Sidinei José da Silva, na condição de alunos de um curso de Aperfeiçoamento em Observação de Grupos.

> Ao final da tarefa, o espaço do café e a cozinha deverão estar organizados para a utilização no dia de amanhã.
>
> Às 19h30min o grupo deverá se dirigir ao salão de estudos para a realização de um grupo operativo.

Na mesa auxiliar, encontravam-se os ingredientes e alguns objetos e, na cozinha, estavam igualmente disponíveis um liquidificador, talheres, travessas, assim como a geladeira e o fogão.

O leitor pode estar se perguntando: Por que, em um curso de formação em Coordenação de Grupos, uma das tarefas pode ser organizar o próprio lanche? Que conteúdos serão aí trabalhados? Que ligações com a teoria será possível estabelecer? E outras muitas perguntas poderiam surgir dessa proposta.

Quando fizemos a formação com o professor Jorge Visca, aprendemos que, na lida com grupos fundamentados na teoria de Pichon-Rivière, pode-se trabalhar com um disparador que colocará na roda o tema da tarefa a ser realizada pelo grupo, um intervalo e um momento de realização da tarefa em grupo operativo.

Esse intervalo faz parte do enquadramento, por ser necessário um intervalo de tempo para que as pessoas que participam do grupo possam integrar os novos conhecimentos aos já existentes, distanciar-se um pouco do tema, buscar o equilíbrio individual, caso o tema tenha sido muito desestabilizador, para depois poderem reelaborá-lo em grupo. Tudo isso num tempo de mais ou menos 15 minutos e em um espaço que possibilite às pessoas ficarem a sós ou juntas, conforme desejarem.

Normalmente, em nossa formação, esse intervalo de tempo era regado com um cafezinho fresco e alguns biscoitos, que não variavam muito, ou salgadinhos fritos e assados.

Quando começamos a formar pessoas no curso de Teoria e Técnica de Grupos Operativos, seguimos, inicialmente, o mesmo modelo de intervalo. Percebemos então que sempre os mesmos biscoitos cumpriam a função do intervalo, mas nem sempre passavam para o grupo a sensação de acolhimento. Havíamos experimentado em um trabalho denominado *Ciranda de Educadores*, desenvolvido na Síntese, nosso consultório, uma outra forma de lidar com a comida, na qual oferecíamos uma mesa de alimentos saudáveis e cuidadosamente dispostos, buscando também um equilíbrio estético.

Assim, atentas aos comentários sobre o que oferecíamos nesse intervalo e envolvidas com nossas experiências anteriores em relação à preparação de alimentos, começamos a incrementá-lo. Preocupamo-nos em comprar biscoitos diferenciados e mais variados, mas percebemos que, principalmente em períodos de frequência intensa (tanto em relação aos dias como em relação às horas em cada dia), tanto biscoito não era saudável.

Em nossas reuniões de equipe, passamos a dedicar um espaço especial para a organização do intervalo. Com isso, fomos construindo um enquadramento para esse momento que contempla, além do tempo para se afastar um pouco do tema e para buscar um primeiro equilíbrio individual, uma forma saudável de alimentar o corpo e também a alma, como destaca Clarrissa Pinkola Estés (2007) no poema introdutório a esta seção.

Desse modo, o intervalo passou a ser uma ocasião especial, tanto para o grupo de alunos quanto para a equipe de coordenação. Preparamo-nos para receber o grupo, acolhê-lo com elementos que tocam a alma, o mundo interno, a subjetividade.

Com os grupos que já passaram por esse curso, temos sistematizado essa construção como contribuição à Teoria e Técnica de Grupos Operativos proposta por Pichon-Rivière.

Nesse sentido, a hora do intervalo passou a ser objeto de aprendizagem, de experiência e vivência durante o curso. Nossos alunos, no estágio de coordenação de grupos operativos, desenvolvem, entre outros aspectos, o refinamento do olhar e da escuta para que, quando forem coordenar um grupo durante o estágio, possam acolhê-lo também no período do intervalo.

Por isso, durante os nossos cursos de formação em coordenação de grupos, dedicamos alguns momentos para que os participantes percebam o ambiente, encontrem, criem ou mantenham os elementos educativos identificados naquele lugar. Dessa forma, quando aprendem sobre consignas, vivenciam de maneira autêntica uma consigna escrita que sublinha o olhar e a escuta para o ambiente, com intenção educativa. Temos utilizado o período do intervalo como uma oportunidade para isso.

Entendemos que, nesse momento, podemos oferecer três tipos de alimento: para o corpo, para a mente e para o mundo subjetivo.

Ao elaborarmos os cardápios para o alimento do corpo, consideramos o fato de serem refeições saudáveis, que representam uma variedade de nutrientes, sabores e consistências. Procuramos combinações com frutas, pães, patês, gelatinas, iogurtes, quibe de verduras, pipoca, vitaminas, sucos, tortas, café, chá, chocolate, sopas, cereais, entre outros produtos. Dependendo do momento do dia em que acontece o intervalo (manhã, tarde ou noite) ou do clima, combinamos dois ou três elementos, para termos algo doce, algo salgado e um suco, como pede a consigna ao referido grupo de alunos.

Em relação ao alimento para a mente, além do espaço para assimilar e acomodar o conhecimento, é possível colocarmos na mesa um poema ou um pensamento relacionado ao tema, ou ainda, um objeto que remeta o grupo ao tema disparador daquele período do curso.

Já o alimento para a alma e para a subjetividade está relacionado à estética, à combinação das cores, à presença de flores, à composição do ambiente com obras de arte, ou seja, a elementos que nos ofereçam a possibilidade de admirar, de sentir, de nos envolver afetivamente naquela situação.

Pode-se pensar que, organizado dessa forma, esse intervalo é pomposo e dispendioso. Pelo contrário, sua graciosidade está no fato de que, com elementos muito simples, podemos dar um toque mágico aos alimentos, ao mesmo tempo em que provocamos a reflexão e propiciamos o deleite.

Uma penca de bananas colocada em uma cesta de palha; uma taça de vidro contendo gelatina vermelha com cubinhos de maçã cortados bem miudinhos e ornamentados com duas folhas de hortelã; torradinhas sobre o guardanapo branco acomodado em outra cesta de palha; um patê de ricota: tudo isso colocado sobre uma toalha branca, uma bandeja de chá sobre um aparador. Na parede, um poema de Pablo Neruda ou um quadro pintado por uma artista especial, que frequenta o mesmo espaço em outros horários. Um cenário como esse pode servir de convite à degustação dos três tipos de alimentos mencionados.

É justamente isso que esperamos que os participantes desse curso percebam: primeiro, vivendo os intervalos do curso oferecidos por nós; depois, executando uma consigna que lhes dê oportunidade de concretizar a percepção que tiveram ao criar outras possibilidades de construir o ambiente; e, posteriormente, organizando os intervalos dos grupos que coordenarão, conforme a realidade encontrada no decorrer do estágio (terceiro módulo do curso de formação em Coordenação de Grupos).

O segredo está na composição que é possível fazer com o que se tem à disposição e no carinho colocado na arrumação dos elementos selecionados para o lanche, que devem ser em quantidade suficiente, nem mais nem menos.

Se aquilo de que se dispõe são biscoitos e café, os biscoitos podem ser colocados numa taça de vidro, por exemplo, e o café, na tradicional garrafa térmica, acomodada em uma pequena bandeja, sobre um guardanapo branco, ornamentada por um raminho de folhas colhidas no quintal ou nas árvores mais próximas; uma receita de geleia que combine com aquele tipo de biscoito pode compor o arranjo.

É isso mesmo: organizar o intervalo exercita o olhar, a escuta, a sensibilidade e a criatividade. Instiga o profissional a pensar na intenção educativa que existe ao organizar o ambiente e também a pensar consignas integradoras entre a vivência, o ambiente, os conceitos e os sentimentos.

Vale observarmos, por fim, que a vivência de aprendizagem por meio de consignas auxilia o profissional na organização das consignas que precisará elaborar em sua práxis.

Outras consignas associadas ao ambiente podem estar relacionadas, por exemplo: à sala em que ocorrem as aulas; aos painéis que recebem mostras de trabalhos realizados pelos grupos; ao espaço organizado para conter bolsas e materiais; ao pátio onde se organizam áreas destinadas ao descanso; aos parques, jardins e quintais existentes no local; à presença de plantas no ambiente; ao aproveitamento de materiais. Podem existir ainda muitas outras possibilidades, a depender da instituição onde se realiza o trabalho, das intenções e dos objetivos traçados.

capítulo 6

Características e funções das consignas

Neste capítulo, vamos abordar as características e funções das consignas. Mas por que somente agora?

Em nosso percurso de estudos na psicopedagogia, chegamos ao ponto de nos preocuparmos com o detalhamento das características e funções das consignas, em decorrência do uso frequente desse recurso em nossa práxis e dos questionamentos surgidos individualmente e em grupos. Assim, decidimos tentar repetir o nosso processo de construção e reconstrução dos conceitos nas páginas deste livro, por acreditarmos que a aprendizagem é um processo que se caracteriza pelo movimento que nos faz ir e vir, estabelecer relações, aprofundar, ampliar, focar, modificar e articular experiências e ideias.

Características das consignas

Apresentamos, a seguir, as características das consignas que identificamos até o momento.

→ Organizadora da tarefa – Uma consigna deve conter todo o encaminhamento da tarefa; dessa forma, ela organiza a ação de quem a concebe e de quem a recebe para a execução. Os franceses utilizam a palavra *cadre*, que significa "moldura ou estrutura. Uma imagem visual que descreve o ideal francês de criação: estabelecer limites firmes para as crianças, mas dando a elas grande liberdade dentro desses limites" (Druckerman, 2013, p. 13). Em psicopedagogia, utiliza-se o termo *enquadramento* com a mesma intenção: estabelecer limites, mas deixar espaço de autoria ao aprendiz, ou aprendizes. Essa consigna define, portanto, as constantes do enquadramento da tarefa.

→ Esclarecedora – À medida que o professor ou coordenador de um grupo formula a consigna de forma clara e com uma linguagem que atinja os alunos, estes passam a entender com precisão o objetivo, ou seja, aonde se quer chegar, bem como o percurso a ser construído no decorrer da realização da tarefa.

→ Agregadora – Possibilita o desenvolvimento da tarefa em grupo, o que promove o exercício entre a autonomia e a interdependência. No contexto grupal, uma consigna pode auxiliar a deixar claro o objetivo que se busca alcançar e a envolver todos os integrantes. Esse exercício possibilita que se aprenda a aprender no coletivo, ao mesmo tempo que ensina o respeito por esse espaço.

Funções das consignas

Como descrito em Carlberg (2006), a consigna pode ser utilizada em três momentos: no início do processo de ensino-aprendizagem, com a função de abertura de um tema a ser conhecido; durante o processo, com a função de desenvolvimento de um estudo; no final do processo, com a função de fechamento de um tema já estudado.

1. Consigna com função de abertura – Uma consigna pode abrir um projeto de aprender, uma pesquisa bibliográfica, uma aula-passeio, um novo assunto, uma rodada de estudo ou qualquer outra programação que possa existir em uma sala de aula, exercendo uma função disparadora.

2. Consigna com função de desenvolvimento – É aquela que pode ser apresentada ao grupo durante o desenvolvimento de um projeto de aprender, por exemplo, ou durante um processo de realização de uma tarefa, visando à continuidade do trabalho, porém numa nova etapa.

3. Consigna com função de fechamento – É aquela utilizada especialmente para encerrar uma etapa de um determinado projeto, com o objetivo de provocar um

movimento de avaliação ou experimentação do produto resultante da tarefa já realizada, ou ainda, de oferecer indicadores claros para o fechamento de uma tarefa. Pode ter uma função avaliadora ou não.

Com base nessa primeira proposta, identificamos outras funções das consignas:

→ Função organizadora da classe – O docente pode lançar mão de uma consigna para organizar, por exemplo, um estudo que objetive atender à diversidade. Nesse caso, solicita a divisão do grupo em equipes, expõe as diferentes tarefas a realizar, indica os materiais que deverão ser consultados, aponta as diferentes metas e propõe, ao final, uma reunião de todos em determinado lugar, para que a partilha seja possível.

→ Função avaliadora – Por meio da consigna é possível avaliar o grupo de alunos ou os alunos individualmente. Uma consigna avaliadora pode contemplar questões obrigatórias e questões optativas, possibilitando que alunos com distintas condições possam ser avaliados com o mesmo instrumento, sem necessidade de isolá-los. Por exemplo, se, num conjunto de 15 questões, cinco forem obrigatórias e dez optativas, com diferentes graus de dificuldade, para que os alunos escolham cinco, teremos a possibilidade de atender à diversidade dos alunos ao mesmo tempo em que os avaliamos. O professor ou coordenador de um grupo pode também elaborar um número determinado de consignas para que os alunos ou as equipes de alunos façam suas escolhas; assim, por exemplo, dentre quatro consignas, deverão eleger duas para realizar a avaliação. Pode, ainda, elaborar quatro ou cinco consignas para que, dentre elas, os alunos ou as equipes de alunos realizem uma que será obrigatória e elejam mais uma dentre as demais.

É possível criar ainda outras formas de avaliação. Apresentamos, na sequência, outras considerações importantes sobre a função avaliadora das consignas.

Consignas utilizadas em reelaboração temática e avaliação dinâmica

Ao final do trabalho com um tema, um capítulo de estudo ou um módulo, geralmente os professores criam estratégias de avaliação para a verificação dos graus de aproximação e afastamento dos objetivos estabelecidos.

Há diferentes formas de se fazer isso, e a que nós utilizamos prevê, como encerramento de uma tarefa, um momento de reelaboração temática e um de avaliação dinâmica.

Temática e dinâmica são ideias trazidas por Pichon-Rivière no trabalho com grupos e constituem-se em aspectos observáveis no decorrer da realização de uma tarefa grupal.

Temática é tudo aquilo que é dito em palavras pelo grupo, para o grupo, entre o grupo; *dinâmica* é tudo aquilo que é dito sem palavras, por meio de gestos, olhares, sons, silêncio.

Em ambos os casos, não somente o conteúdo do discurso deve ser valorizado numa análise mais atenta, mas também a tonalidade, a sonoridade, ou seja, a musicalidade que acompanha o discurso.

É interessante destacar que, em um momento de reelaboração temática, a ênfase recai nos aspectos objetivos da tarefa; já na avaliação dinâmica ganham destaque os aspectos subjetivos.

Sobre a reelaboração temática

Segundo o dicionário Michaelis (1998, p. 1795), *reelaborar* significa "tornar a elaborar", e *elaborar*, por sua vez, implica uma organização gradual; significa "modificar, operar-se, formar-se, produzir-se" (p. 767).

Reelaboração temática é um momento de revisão e reflexão sobre as experiências vividas nos encontros anteriores com o propósito de reunir e identificar o que foi aprendido e o que falta aprender em relação à tarefa objetiva (o conteúdo, a unidade, a matéria).

A reelaboração de um tema pode ser realizada de forma individual ou coletiva e sempre parte de uma consigna, que pode ser oral ou escrita, acadêmica, cênica ou autêntica, ou, ainda, composta.

Quanto mais autêntica for a consigna, maior será o grau de integração e de esclarecimento do quanto se aprendeu e do que falta aprender.

Vejamos a forma de apresentação da consigna. Quando oral, como já observamos, embora também seja eficaz, gera e mantém a dependência, uma vez que, em nossa cultura, momentos de avaliação mobilizam ansiedades e medos, e a necessidade de confirmar a compreensão passa a ser uma constante. Quando escrita, contempla o registro da totalidade da tarefa com seus detalhes e torna-se objeto de possível consulta, sempre que necessário. Pode ser dirigida ao âmbito individual ou grupal.

Também, conforme abordado anteriormente, uma consigna escrita com função avaliadora pode contemplar questões obrigatórias e optativas. Dessa forma, por exemplo, o professor ou coordenador de um grupo pode elaborar uma tarefa com várias possibilidades:

→ uma consigna igual para todos;

→ uma consigna igual para todos e uma diferente para cada equipe, escolhida dentre as opções que lhes forem oferecidas;

→ várias questões dentro da mesma consigna, para que cada equipe escolha apenas uma;

→ ou quantas o coordenador definir.

sobre a avaliação dinâmica

Conforme comentado anteriormente, a avaliação dinâmica contempla aspectos da tarefa subjetiva e permite aos aprendizes que façam uma revisita aos vínculos que foram estabelecendo no decorrer da realização de uma tarefa. Dinâmica relaciona-se à força, ao movimento, e diz respeito à energia do desejo como combustível mobilizador do pensamento.

A avaliação dinâmica localiza-se no último momento de um processo de aprendizagem e tem função integradora, de encerramento, de despedida e desligamento de uma determinada tarefa para o início de uma nova etapa.

> Só poderemos reconhecer o sentido com algum recuo, quando, desprendidos de nossa ação, estaremos menos tomados por nossa paixão de agir.
>
> [...] quando falamos, nunca dizemos o sentido de nossa frase. Ela faz sentido depois, quando já está terminada, quando há ruptura, no silêncio... depois da fala. [...] E é no silêncio que se segue quando a última palavra já foi pronunciada, que a frase libera seu sentido. É, portanto, no silêncio que o sentido se manifesta. Ele nasce dentre as palavras mortas. Depois. (Dolto, 2010, p. 27)

Esse é o momento de integração, no qual os aprendizes dão sentido ao que já aprenderam e encontram sentido para continuar aprendendo. Por isso são tão importantes, em educação, os recuos, as paradas, o silêncio.

Num momento de avaliação dinâmica, são utilizadas, predominantemente, consignas orais que levam o grupo a pensar sobre os vínculos estabelecidos para a realização da tarefa (entendida aqui como objetivo em comum de um grupo) nos vários momentos de sua organização.

Apresentamos, a seguir, dois exemplos de consignas utilizadas na avaliação dinâmica.

EXEMPLO 1

Vocês deverão relatar o que cada um aprendeu e ensinou na realização da tarefa grupal.

EXEMPLO 2

Cada integrante deverá escolher um colega do grupo e oferecer-lhe como presente simbólico algo que aprendeu e, a seguir, eleger outro colega para dele solicitar também um presente simbólico aprendido por ele neste contexto de aprendizagem.

As consignas de uma avaliação dinâmica podem ser variadas. O importante é que elas provoquem a avaliação sobre o envolvimento e o compromisso dos aprendizes com a aprendizagem. Em forma de auto e heteroavaliação, ela instala no grupo uma reflexão importante sobre a disponibilidade dos aprendizes para aprender.

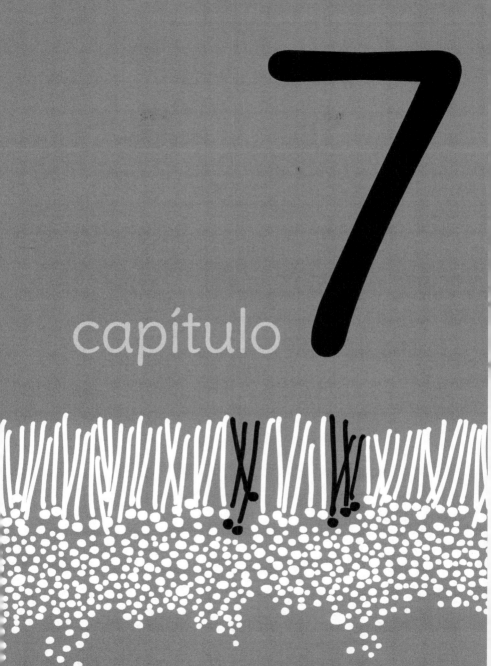

capítulo 7

Fatores importantes para a estruturação de consignas

Para serem operativas e promoverem a autonomia do aprendiz, as consignas devem ser pensadas considerando-se fatores como a qualidade da comunicação que vai ser utilizada em sua organização e os indicadores que apontam para o sentido do que está sendo solicitado ao aprendiz.

Qualidade da comunicação na organização de consignas

É necessário que as consignas orais e escritas comuniquem com clareza o que se espera do grupo em determinada tarefa. Para isso, é importante pensarmos e discutirmos a qualidade da comunicação na organização de consignas.

Como as consignas fazem parte dos estudos da operatividade, utilizamos aqui o referencial sobre comunicação elaborado por Pichon-Rivière (2005), que, além de estudar os aspectos objetivos da comunicação, estudou também questões subjetivas relacionadas ao tema.

Pichon-Rivière supera o conceito de relação de objeto aprendido no âmbito da psicanálise durante sua formação como médico psiquiatra e constrói o conceito de vínculo, o qual é composto de: um sujeito, um objeto e sua inter-relação com os processos de comunicação e aprendizagem.

> Todo vínculo, assim entendido, implica a existência de um emissor, um receptor, uma codificação e decodificação da mensagem. Através desse processo comunicacional, torna-se manifesto o sentido da inclusão do objeto no vínculo, o compromisso do objeto numa relação não linear, mas dialética com o sujeito. (Pichon-Rivière, 2005, p. 5)

Nesse sentido, é estabelecida uma estrutura relacional na qual sujeito e objeto realimentam-se mutuamente e assumem uma dimensão intrassubjetiva, que será desacomodada por um terceiro elemento.

Todo vínculo, para Pichon-Rivière (2005), é ao mesmo tempo bicorporal e tripessoal – uma estrutura complexa que inclui, além dos elementos já citados (transmissor, receptor, mensagem e canal), sinais, símbolos e ruídos.

As consignas, conforme são concebidas neste livro, assumem esse caráter de terceiro, que desacomoda uma relação e pede uma adaptação ativa do grupo, ou do indivíduo, o que vai gerar a aprendizagem. Para isso, entretanto, devem ser claras e considerar o Ecro (esquema conceitual referencial operativo) do receptor (um indivíduo ou um grupo). Segundo Pichon-Rivière (2005), o Ecro é um modelo de apreensão da realidade e dele faz parte o contexto sociocultural, sendo considerados aspectos como idade cronológica, gênero, escolaridade e experiências.

Dessa forma, uma consigna se utiliza de símbolos que deixam espaço para a interpretação e escolha do grupo, sem afastá-lo da tarefa. É necessário, pois, cuidar com a formulação da consigna no que se refere à sintaxe, à semântica e à pragmática. Isso quer dizer que a mensagem deve estar construída de modo que seus elementos estejam organizados respeitando a gramática da língua a ser utilizada. A forma como é escrita deve produzir em quem recebe a consigna um efeito que o encaminhe para a ação. Em síntese, uma consigna deve expressar, em sua formulação, um ordenamento dos significantes entre si: as relações entre linguagem, pensamento e conduta, assim como as relações entre expressões linguísticas e as pessoas que vão interpretá-las.

Para Saidon, citado por Baremblitt (1986), Pichon-Rivière entende a comunicação como um meio privilegiado capaz de revelar as relações, os mecanismos, as facilidades e as dificuldades existentes no interior de um grupo. Desse modo, a forma como a mensagem de uma consigna é apresentada pode levar o grupo ao afastamento ou à aproximação da tarefa. Principalmente quando se utilizam consignas orais, é necessária a preocupação com o tom com que a mensagem é comunicada.

Aprendemos em uma das aulas de Jorge Visca que a qualidade da comunicação pode ser classificada em oral, anal, fálica e genital (analogia com os estudos de Freud), sendo entendida, porém, como um vetor dinâmico a ser expresso nas relações comunicacionais.

A qualidade da comunicação classificada como oral é aquela em que o locutor centraliza em si a mensagem, e o outro ocupa o lugar de quem escuta. É uma forma de comunicação voraz, na qual um emite a mensagem e o outro a suga, denotando uma intenção involuntária. Um exemplo disso são as tradicionais aulas expositivas, momento em que os alunos escutam o que o professor tem a dizer, porém sem interagir. Deseja-se que o outro "arquive" as informações para utilizá-las (se conseguir) em momentos de provas e testes. Essa comunicação também prevalece em palestras, conferências, no rádio e na televisão.

Essa qualidade da comunicação não tem uma valência positiva ou negativa por si só, mas, quando ela predomina em uma relação de ensinar/aprender, instalam-se a passividade e a dependência no sujeito que ouve.

A comunicação oral implica a concepção de uma plateia como depositária da mensagem. Por outro lado, ao escutarmos notícias em uma emissora de rádio, por exemplo, nem sempre podemos interagir com o locutor, no entanto a informação é oferecida e pode alimentar discussões entre as pessoas, ou seja, torna-se uma comunicação com função disparadora de pensamentos, de inter-relações e reelaborações, o mesmo ocorrendo em palestras e conferências.

A expressão *comunicação oral*, utilizada comumente como oposição a *comunicação escrita*, também guarda uma qualidade predominantemente oral se considerarmos a classificação proposta por Visca. Em qualquer comunicação verbal há a musicalidade e, no caso da comunicação oral, a musicalidade da fala pode aproximar ou afastar o ouvinte.

Quanto à qualidade da comunicação classificada como anal, o sujeito que comunica emite a mensagem que denigre e desqualifica o interlocutor. Pode ser observável tanto na temática, por meio de palavrões, por exemplo, quanto na dinâmica, como no caso do uso de gestos vulgares. A ironia é outra característica desse tipo de comunicação.

Por outro lado, a piada, de maneira geral, utiliza-se dessa qualidade de comunicação e pode gerar um novo movimento em quem a escuta.

Outra qualidade da comunicação é a fálica, cuja função é impor uma ideia de forma autoritária, não deixando espaço para contestações, mudanças. Em algumas situações, é uma comunicação que penetra o outro de modo invasivo e agressivo; em outras, quando o estado confusional é grande, pode aparecer como organizadora.

Em *A fé à luz da psicanálise*, Dolto (2010, p. 54) explica: "Falo, em psicanálise, é sinônimo de potência, qualificativo de autoridade, de fecundidade. O falo não é a representação imaginada do pênis, mas símbolo de força, de dominação, de poder, de valor triunfante sobre a gravidade". Essa qualidade pode ser identificada em discursos proferidos, por exemplo, por líderes políticos, religiosos e educacionais.

A quarta qualidade da comunicação é a genital, que tem um pouco das características de todas as anteriores, porém distribuídas de forma equilibrada, e permite o compartilhamento. Os envolvidos no diálogo colocam-se numa posição feminina, deixando-se fecundar por ideias e pensamentos, ao mesmo tempo em que, numa posição masculina, penetram na malha construída no diálogo e contribuem substantivamente para o seu desenvolvimento, trazendo novas possibilidades.

Embora essa pareça ser a forma mais madura de comunicação, nem sempre é eficaz. É preciso que o emissor e o interlocutor estejam disponíveis ao diálogo, ou, por assim dizer, em sintonia.

Uma consigna cuidadosamente formulada traz os indicadores necessários para a compreensão, abrindo espaço às decisões e escolhas do interlocutor, e apresenta-se como uma comunicação de qualidade predominantemente genital.

Estrutura das consignas

A formulação de uma consigna requer a preocupação com a qualidade da comunicação, aspecto que ficará expresso em sua estrutura final, a qual leva em consideração o contexto e o Ecro (esquema conceitual referencial operativo) dos aprendizes. As consignas, portanto, devem conter indicadores significativos. Por isso, entendemos ser importante que o professor e o coordenador de grupos conheçam os elementos necessários para avaliar as consignas que se propõem a formular e para poderem aperfeiçoar-se na tarefa de elaborá-las.

Apresentamos, na sequência, elementos já destacados por Anijovich, Malbegier e Sigal (2004, p. 57) em seus estudos sobre consignas. Também já abordamos esses aspectos em outros pontos deste livro, mas agora os apresentamos em forma de questionamentos, de modo a poderem orientar mais objetivamente o trabalho do professor e do coordenador de grupos na formulação da estrutura das consignas.

INDICADORES PARA AVALIAÇÃO DE CONSIGNAS

→ Focaliza o principal aspecto a ser aprendido?
→ Requer a resolução de um problema?
→ Estabelece relações com os conhecimentos prévios dos alunos?
→ Articula conhecimentos, vivências e interesses pessoais e grupais de modo que interesse aos alunos?

- → Apresenta um contexto tomado da realidade dos alunos?
- → Quando autêntica, apresenta etapas a serem cumpridas?
- → Admite mais de uma resposta?
- → Permite diferentes soluções e uso de diferentes recursos?
- → Quando composta, seus elementos se inter-relacionam?
- → Oferece possibilidades de outras relações?
- → Deixa claro o que os alunos devem fazer?
- → Favorece uma diversificada interação social?
- → Determina os tempos de solução?
- → Alimenta a generalização e a transferência de conhecimentos?
- → Estimula a autoavaliação por parte do aluno e a reflexão sobre o processo e o produto da aprendizagem?

Com base nesses indicadores, é possível avaliar o grau de operatividade de uma consigna. Entendemos que ordens dadas passo a passo em momentos intercalados funcionam como se os alunos apenas conhecessem fatias de um bolo, sem ter a chance de conhecer o bolo inteiro e entender de que parte do todo aquelas fatias foram retiradas; deixam o professor com a faca na mão e o aluno na condição de quem recebe uma fatia sem a possibilidade de escolha e de envolvimento com o todo.

A consigna, por outro lado, traz para a sala de aula o exercício da leitura, da discussão sobre os vários entendimentos, a prática da análise e escolha de caminhos pelos alunos, deixando o professor mais livre para observar a diversidade de ideias, de entendimentos, de relações e poder agir mais livremente para a resolução ou superação dos conflitos pelos alunos. É uma das formas operativas de colocar os alunos em busca de elementos para resolver os problemas que se apresentam.

Consideramos, assim, que as consignas precisam ser operativas. Constatamos em nossa prática que, ao receberem uma consigna, os grupos inicialmente ficam impactados. Alguns se mantêm em silêncio, outros se agitam, há os grupos em que um único participante age ou fala diante dos demais, que apenas assistem; há aqueles em que todos querem executar a tarefa sem se comunicar e planejar em conjunto, e assim por diante.

Nesse momento, destaca-se a importância do papel daquele que coordena a aplicação da consigna, pois cabe a ele realizar intervenções que possibilitem ao grupo superar o momento de confusão inicial, de modo que a consigna passe a ser relida, analisada, discutida, interpretada, vista por vários ângulos. O grupo vai diferenciando, distinguindo os elementos da tarefa, organizando-se para poder realizá-la da forma mais integrada possível, de maneira que todos participem de algum modo e se coloquem como atores e autores desta.

Nesse sentido, podemos afirmar que as consignas são operativas em um grupo quando:

→ criam situações;
→ fomentam a comunicação;
→ promovem a leitura, a interpretação e a discussão;
→ propiciam a busca pela compreensão, pelo respeito mútuo e pela articulação de diferentes pontos de vista;
→ são elaboradas com vista à autonomia e à ontonomia (individual/grupal);
→ atendem aos diferentes estilos e modalidades de aprendizagem (utilização de diferentes recursos).

O uso da consigna pode contribuir para que professores saiam do centro em algumas ou em várias situações de ensino-aprendizagem e para que os alunos possam assumir sua tarefa de aprender.

Considerações finais

A experiência de colocar no papel o que construímos sobre o tema *consignas* e o que aprendemos no exercício de sua aplicação foi um processo longo, trabalhoso, reflexivo, e que nos levou a pesquisar nossa ação educativa, nossos registros e nossos livros.

Além dos espaços nos quais trabalhamos com esse tema, contamos com interlocutores de outras áreas, que puderam trazer contrapontos interessantes. Pareceristas e revisores nos fizeram perguntas, ofereceram sugestões, propuseram formatos que nos levaram a retomar, refazer, rediscutir, reelaborar e, por vezes, reafirmar o que já havíamos construído.

Com base nesses olhares, fomos lapidando o trabalho inicial e acreditamos que a entrega deste livro aos nossos colegas de profissão – professores, pedagogos e psicopedagogos – contribui para a sistematização do uso e da função das consignas em processos de aprendizagem.

Em tempos em que os atos de ensinar e aprender são compreendidos como unidades inseparáveis, não há como a ação educativa permanecer focada apenas no conteúdo e no saber do professor; do mesmo modo que é impossível focar apenas o aprendiz, seus saberes, suas vontades, seus prazeres. Aprender requer esforço, rigor, atitude investigativa.

Assim, a consigna é um dos recursos que desloca o professor do centro, possibilitando que o grupo enfrente seus problemas, encontre soluções, ao mesmo tempo que dispõe de um mapa que pode ser consultado, com base no qual pode construir o seu caminho, fazer escolhas para aprender mais e melhor. Trata-se, portanto, de um recurso que pode ser um auxiliar importante para coordenadores de grupos de aprendizagem e um apoio àqueles que pretendem aprender no coletivo.

Pretendemos, ao final deste livro, que você, leitor, seja provocado a pensar em sua prática educativa, a rever seus registros, a pesquisar em seus livros, encontrando-se em meio a interrogações, exclamações e reticências, assim como nossos primeiros leitores fizeram: Denise Weishof, que prefaciou esta obra, e Dani Henning, que traduziu nossas ideias nas imagens que ilustram a capa deste livro. A ambas, o nosso afeto!

Glossário

Aprender: processo de apropriação instrumental da realidade para modificá-la. Segundo Pichon-Rivière (2000, p. 23, tradução nossa), "O processo de aprendizagem deve ser compreendido como um sistema de fechamento e abertura que funciona dialeticamente. Fecha-se em um determinado momento e logo se abre para voltar a fechar-se posteriormente".

Atitude operativa: "diz respeito à atitude assumida por uma pessoa diante de seu interlocutor ou interlocutores, com o objetivo de provocar nos sujeitos que aprendem a busca da operatividade, da resolução de um problema, numa determinada situação. Trata-se de possibilitar que se encontrem as soluções mais adequadas sem predeterminá-las" (Barbosa, 2001, p. 215).

Cone invertido: instrumento de avaliação, síntese da teoria de Pichon-Rivière, que é utilizado para avaliar processos de aprendizagem (mudança) individuais e grupais. É composto por seis vetores de análise: filiação e pertencimento; cooperação; pertinência ou eficácia; comunicação; aprendizagem e telê (distância afetiva).

Consigna: orientação que é dada a um aprendiz ou a um grupo de aprendizes para a realização de uma tarefa com autonomia. Deve conter informações que orientem sobre a totalidade da tarefa e deixar espaço para perguntas, para a criação e a resolução de problemas com baixo grau de dependência.

Disparador: tema inicial trazido pelo professor ou pela equipe de coordenação de grupos em forma de texto, exposição oral, dramatização, história, jogo ou qualquer outra maneira de apresentação, o qual serve de referência e de apoio para desenvolver sua aula, ou, como costumamos dizer, para disparar no grupo o desejo de aprender sobre a tarefa.

Ecro (esquema conceitual referencial operativo): conceito criado por Enrique Pichon-Rivière que se refere ao esquema que o aprendiz vai construindo em sua história a partir das interações que vai estabelecendo com o mundo. É como se fosse um grande esquema de aprender a apreender o mundo, com base no qual o aprendiz conceitua os fenômenos, utilizando-os como referência para a abordagem de novas situações que dão sentido às suas ações.

Emergente: para conceituar o termo *emergente*, é necessário compreendê-lo na sua relação com os termos *existente* e *latente*. O existente é a situação atual, vivida na interação do aprendiz com o professor ou coordenador de grupos; dele emergem condutas – o emergente – que são impulsionadas por um movimento interno, não consciente, não conhecido pelo aprendiz (latente).

Emergente de abertura: na Teoria e Técnica de Grupos Operativos de Pichon-Rivière, é o primeiro emergente que o grupo traz, normalmente por meio de um porta-voz. "Os emergentes de abertura devem ser cuidadosamente registrados pelo observador e pelo coordenador, já que todo esse material será retrabalhado durante a sessão, e é possível observar como reaparece já modificado no momento do fechamento" (Pichon-Rivière, 2005, p. 181).

Espiral dialética: figura geométrica que sintetiza o movimento de articulação das contradições, fazendo surgir novas possibilidades. Representa, ao mesmo tempo, continuidade e ruptura. O conceito foi utilizado por Pichon-Rivière, para quem não existe nenhuma contradição entre uma situação fechada e uma situação aberta, posto que se trata de situações transitoriamente fechadas e transitoriamente abertas, ou sucessivamente fechadas e abertas, o que resulta em situações em espiral.

Epistemologia convergente: corrente de pensamento constituída por três abordagens do conhecimento – a psicanálise, a psicologia social e a psicogenética. De autoria de Jorge Visca, embasa uma das linhas de atuação em psicopedagogia. O livro *Clínica psicopedagógica: epistemologia convergente*, a primeira obra que apresenta a teoria de Visca foi publicada originalmente em espanhol, em Buenos Aires, em 1985.

Grupo: unidade em funcionamento que se caracteriza por estar centrada em uma tarefa de aprendizagem.

Psicopedagogia: "é um campo do conhecimento que tem por *objeto* o ser cognoscente e por *objetivo* fundamental facilitar a construção da individuação e da autonomia do *eu cognoscente* identificando e clarificando os obstáculos que impedem que essa construção se faça" (Almeida e Silva, 1998, p. 51, grifo do original).

Projeto de aprender: recurso psicopedagógico com possibilidade de aplicação nos âmbitos escolar e clínico que objetiva a construção do conhecimento intra, inter e transdisciplinar. De autoria de Laura Monte Serrat Barbosa, é uma evolução do conceito de projeto de trabalho fundamentado no método de projetos desenvolvido por William Kilpatrick, posteriormente revisto à luz do trabalho desenvolvido por Fernando Hernández e das vivências da autora no âmbito clínico psicopedagógico.

Referências

ALMEIDA E SILVA, M. C. Psicopedagogia: a busca de uma fundamentação teórica. Rio de Janeiro: Nova Fronteira, 1998.

ANIJOVICH, R.; MALBERGIER, M.; SIGAL, C. Una introducción a la enseñanza para la diversidad. Buenos Aires: Fondo de Cultura Econômica de Argentina, 2004. Disponível em: <http://www.terras.edu.ar/jornadas/117/biblio/117Puesta-en-practica-de-la-diversidad.pdf>. Acesso em: 12 dez. 2012.

BARBOSA, L. M. S. A psicopedagogia no âmbito da instituição escolar. Curitiba: Expoente, 2001.

_____. Atitude operativa e disciplina. In: BARBOSA, L. M. S.; CARLBERG, S.; OLIVEIRA, V. A. C. R. F. de. Repensando a disciplina II. Edição dos autores. Curitiba: [s.n.], 1997.

BARBOSA, L. M. S.; FARAH, S.; CARLBERG, S. O ambiente educativo e o processo de aquisição de leitura e escrita. Revista Diálogo Educacional, Curitiba, v. 7, n. 20, jan./abr. 2007. Disponível em: <http://www2.pucpr.br/reol/index.php/DIALOGO?dd1=563&dd99=view>. Acesso em: 18 jan. 2013.

BAREMBLITT, G. Grupos: teoria e técnica. 2. ed. Rio de Janeiro: Edições Graal, 1986.

BARROS, V. M. de. Alteridade: autonomia ou ontonomia. In: FRIAÇA, A. et al. (Org.). Educação e transdisciplinaridade III. 2. ed. São Paulo: Triom, 2005. p. 107-172.

BLEGER, J. Psicologia da conduta. Porto Alegre: Artes Médicas, 1984.

CARLBERG, S. Ambiente educativo: provocações. Ioman Chinuch – Boletim Informativo para Educadores da Área Judaica, São Paulo, ano VI, n. 20, jan. 2004, Shevat/Adar 5764.

CARLBERG, S. Consigna. In: CARLBERG, S. (Coord.). O processo educativo: articulações possíveis frente à diversidade – relato de uma práxis. Curitiba: EIBSG; São José dos Campos: Pulso, 2006. p. 71-110.

CARLBERG, S.; PILATTI, E. Ambiente educativo. In: PORTILHO, E. M. L. (Org.). Alfabetização: aprendizagem e conhecimento na formação docente. Curitiba: Champagnat, 2011.

DOLTO, F. A fé à luz da psicanálise. Campinas: Verus, 2010.

DRUCKERMAN, P. Crianças francesas não fazem manha: os segredos parisienses para educar os filhos. Rio de Janeiro: Objetiva, 2013.

DUFOUR, D-R. O divino mercado: a revolução cultural liberal. Rio de Janeiro: Companhia de Freud, 2008.

ESTÉS, C. P. A ciranda das mulheres sábias: ser jovem enquanto velha, velha enquanto jovem. Rio de Janeiro: Rocco, 2007.

FERREIRA, A. B. de H. Novo dicionário Aurélio da língua portuguesa. Curitiba: Positivo, 2004.

FREIRE, A. M. A. Paulo Freire: uma história de vida. Indaiatuba: Vila das Letras, 2006.

GORDON, R. Balancing Real-World Problems with Real-World Results. Phi Delta Kappan, v. 79, n. 5, p. 390-393, 1998.

MICHAELIS: moderno dicionário da língua portuguesa. São Paulo: Melhoramentos, 1998.

MORA, P. F. Dicionário de filosofia. Tomo IV: Q-Z. São Paulo: Loyola, 2001. p. 2646-2647.

PEREIRA, E. K. T.; PEREIRA, I. R.; HUNDZINSKI, L. O psicopedagogo e as intervenções no processo ensino/aprendizagem no âmbito da instituição escolar. 54 f. Monografia (Pós-Graduação em Psicopedagogia) – Centro de Teologia e Ciências Humanas, Pontifícia Universidade Católica do Paraná, Curitiba, 2008.

PICHON-RIVIÈRE, E. Diccionario de términos y conceptos de psicología y psicología social. Compilado por Joaquín Pichon-Rivière y col. 5. ed. Buenos Aires: Nueva Visión, 2000.

_____. O processo grupal. 7. ed. São Paulo: M. Fontes, 2005.

_____. Psicologia da vida cotidiana. São Paulo: M. Fontes, 1998.

TUAN, Y-F. Topofilia: um estudo da percepção, atitudes e valores do meio ambiente. São Paulo: Difel, 1980.

VEIGA, C. B. M.; ZULIAN, C. do R.; BEZERRA, T. C. Em busca de mudanças. 166 f. Monografia (Pós-Graduação em Psicopedagogia) – Centro de Teologia e Ciências Humanas, Pontifícia Universidade Católica do Paraná, Curitiba, 2000.

VISCA, J. Clínica psicopedagógica: epistemologia convergente. São José dos Campos: Pulso Editorial, 2010.

_____. Psicopedagogia: novas contribuições. Rio de Janeiro: Nova Fronteira, 1991.

ZENICOLA, A. M.; BARBOSA, L. M. S.; CARLBERG, S. Psicopedagogia: saberes, olhares, fazeres. São José dos Campos: Pulso, 2007.

Sobre as autoras

Laura Monte Serrat Barbosa é pedagoga pela Pontifícia Universidade Católica do Paraná (PUCPR), com formação em Psicopedagogia e em Teoria e Técnica de Grupos Operativos pelo Centro de Estudos Psicopedagógicos (CEP) de Curitiba em parceria com o CEP de Buenos Aires. Especialista em Psicologia Escolar e da Aprendizagem pela Pontifícia Universidade Católica de Campinas (PUC – Campinas) e mestre em Educação pela Universidade Federal do Paraná (UFPR). É autora de livros e artigos científicos nas áreas de educação e psicopedagogia, nas quais também atua como professora em cursos de pós-graduação.

Simone Carlberg é pedagoga pela Universidade Federal do Paraná (UFPR), com formação em Psicopedagogia e em Teoria e Técnica de Grupos Operativos pelo Centro de Estudos Psicopedagógicos (CEP) de Curitiba em parceria com o CEP de Buenos Aires. É autora de livros nas áreas de educação e psicopedagogia, nas quais também atua como professora em cursos de pós-graduação.

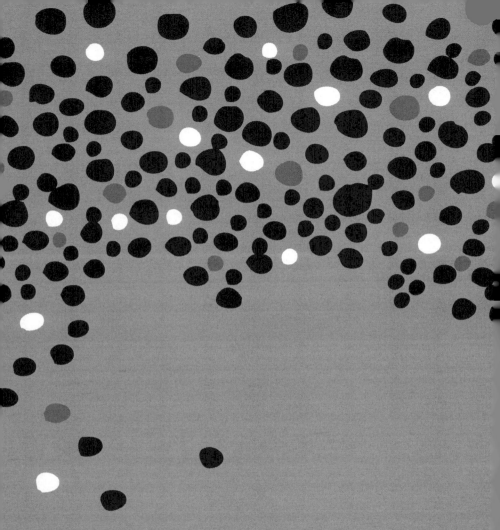

Impressão: BSSCARD
Fevereiro/2014